유대인,
불쾌한 진실

훗 Huud Books

훗은 아랍/중동/이슬람이라는 넓은 범위 속에서 공간적, 시간적, 정서적인 여러 경계들을 보여줄
수 있는 책을 만듭니다. 고정적이고 단일한 것처럼 보이는 아랍/중동/이슬람이라는 이미지를 벗겨
내고, 그 안에 들어 있는 수많은 이야기들과 상황을 전달함으로써 세계에 대한 우리나라의 사회적
독해력을 높이는 데 기여하고자 합니다.

훗은 아랍의 정겨운 민중 새 훗훗(هد هد)에서 따온 이름입니다. 지금은 '훗' 한 글자이지만 저쪽의
'훗'을 만나서 한 마리 새가 되어 날아갈 것입니다.

유대인,
불쾌한 진실

HOW I STOPPED BEING A JEW

슐로모 산드 지음 | 알이따르 옮김

훗

내 친구 마흐무드 다르위시를 추억하며

고통이라는 면에서, 난 오늘날의 극단적인 인류 상황이
더 이상 유대인만의 것은 아니라고 생각한다.

로맹 가리, 『유대교는 피의 문제가 아니다Le judaïsme n'est pas une question de sang』, 1970

차례

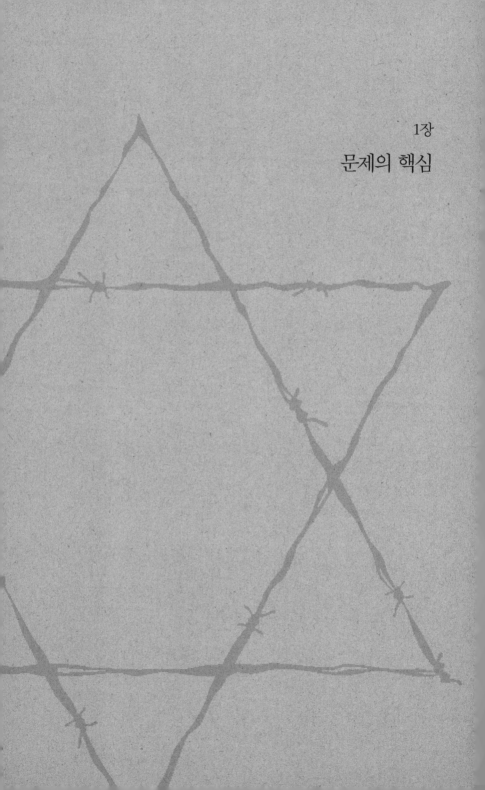

1장

문제의 핵심

분명히 어떤 독자들은 내가 이 글에서 펼치는 주장의 핵심적인 흐름을 불쾌하게 여길 뿐만 아니라 말도 안 된다고 생각할 것이다. 종교적이지 않으면서도 자신을 유대인이라고 생각하는 많은 사람이 이 글을 거부할 것이다. 나를 그저 자학으로 망가진 지독한 배신자로 보는 사람들도 있을 것이다.

한편 집요한 유대 혐오자들은 항상 유대인을 개별적인 민족으로 간주하고 유대인의 자기 규정은 불가능하거나, 심지어 터무니없다고 생각한다. 이 두 집단은 모두 유대인은 유대인이며,

한 개인이 타고난 정체성을 벗을 수 없다는 생각을 고수한다. 이들에게 '유대인성'은 절대로 변하지 않는 단단하고 단일한 본질이다.

21세기 초, 현재 신문이나 잡지, 책 속의 유대인들은 여타 인간들과는 다른 모습을 띤다. 그들에게는 다른 이들과 구별되는, 특별하게 유전되어 오는 성격상의 특징이나 뇌세포가 있는 것처럼 그려진다. 이런 경우가 너무 많다고 해도, 이는 과장이 아니다. 아프리카인들이 피부색으로 유럽인들과 구분되는 것과 마찬가지이다. 그리고 아프리카인들이 그들의 피부색을 어쩔 수 없듯이 유대인 역시 그들의 본질을 부정할 수 없다는 것이다.

내가 국민으로 있는 나라는 인구 조사에서 나의 민족 정체성(이스라엘의 민족 정체성의 범주는 유대인, 아랍인, 드루즈, 시르카시안으로 분류된다. 2005년 이전에는 주민등록증에 민족 정체성을 표시하였다. 2005년에 주민등록증에서 민족 정체성 표시가 사라졌고 2007년 이후에는 주민 등록 시에 민족 정체성 범주를 빼기로 한 법이 제정되었다. 그러나 민족 정체성 대신에 종교를 기재하게 되어 있어서 여전히 민족 정체성은 드러난다_옮긴이)을 '유대인'으로 정의하며, 그 자신을 '유대 민족'의 국가로 부른다. 즉, 이 나라와 그 법을 만든 이들은 이 국가를 국민 전체가 가진 민주적 주권의 제도적 표현이 아니라, 유대교를 믿는지에 상관없는 '전 세계 유대인들'의 집합적 자산으로 간주한다.

이스라엘 국가는 나를 유대인으로 규정한다. 내가 유대 언어를 쓰고, 유대 노래를 흥얼거리고, 유대 음식을 먹고, 유대 책을 쓰거나 어떤 유대적인 활동을 통해 나 자신을 표현하기 때문이 아니다. 나의 태생을 조사한 후, 내가 유대인 어머니에게서 태어났다고 결론 내렸기 때문이다. 내 어머니 역시 마찬가지이며, 외할머니는 외증조할머니 덕분에(또는 때문에) 유대인이다. 그렇게 세대의 고리가 태초까지 거슬러 올라간다.

이스라엘 법이 나의 어머니는 '비유대인'이고 나의 아버지만이 유대인이라고 판단했다면 난 오스트리아인으로 등록되었을 것이다. 나는 어쩌다가 제2차 세계 대전 직후에 린츠Linz 시의 난민 캠프에서 태어났기 때문이다. 하지만 실제 이런 경우일지라도 나는 이스라엘 국적을 요구할 수 있었을 것이다. 그러나 내가 히브리어로 말하고 맹세하고, 가르치고 쓴다는 것이나 내가 학창 시절 내내 이스라엘 학교에서 공부했다는 것 가지고는 나의 요구는 받아들여지지 않았을 것이다. 그리고 평생 나의 민족 정체성은 법적으로 오스트리아인이었을 것이다.

이 문제를 어떻게 보느냐에 따라 다행일 수도 불행일 수도 있겠으나, 내 어머니는 1948년 말 이스라엘에 도착하면서 유대인으로 확인을 받았고 내 신분증에도 '유대인'이라는 표기가 더해졌다. 게다가 유대 법(할라카)과 마찬가지로 이스라엘 법에 따라서도 난 유대인이기를 포기하지 못하게 되어 있다. 이것이 얼마나 모순으로 보이느냐는 상관없다. 그건 내가 자유롭게 선택할 수 있는 일이 아니다. 내가 다른 종교로 개종하는 예외적인 경우에 한해서만, 이 유대 국가의 기록에서 내 민족 정체성을 바꿀 수 있다.

문제는, 내가 신을 믿지 않는다는 것이다. 열두 살 때 신들린 짧은 발작을 겪었던 일을 제외하면, 나는 항상 인간이 신을 창조했지 그 반대가 아니라고 믿어 왔다. 그리고 그 창조는 인간 사회가 만들어 낸 가장 의문스럽고 매혹적이며 치명적인 어떤 것으로 보였다. 결과적으로 나는 내 미친 정체성에 갇혀서 손발이 묶여 있는 꼴이다. 나는 기독교로 개종할 생각이 없다. 과거 종교 재판과 피투성이 십자군의 잔인함 때문만이 아니라, 그저 신의 아들이라는 예수 그리스도를 믿지 않기 때문이다.

마찬가지로 이슬람으로 개종할 생각도 없으며, 이는 필요한 경우 남자는 네 명의 여자와 결혼할 수 있으나 그 반대의 혜택은 허용하지 않는 전통적인 샤리아Sharia 때문만은 아니다. 대신 좀 더 평범한 이유가 있다. 무함마드가 예언자라는 것을 믿지 않기 때문이다. 마찬가지로 힌두교가 될 수도 없는 것이, 난 간접적이고 미약한 방식으로조차 카스트를 신성시하는 어떠한 전통도 거부하기 때문이다. 나는 불교도도 될 수 없는데, 죽음을 초월하는 일은 불가능하다고 생각하며 영혼의 윤회를 믿지 않기 때문이다.

나는 세속적인 무신론자다. 여기 지구상에서의 삶이 빡빡하고 끔찍한 제한이 있다고 생각할 때도 내 머리로는 이러한 지구상에서의 삶을 통제하는 어떤 무한한 우주 또는 절대적 존재가 있다는 생각은 들지 않는다. 감히 내가 신념이라고도 말할 수 있는, 내 사고를 이끄는 원칙은 항상 인간 중심적이었다. 다시 말해 내 사고에는 인간을 이끈다는 다른 어떤 우월한 힘이 아닌 인간이 중심에 놓여 있다. 위대한 종교들은 아무리 자비롭고 아무리 덜 광적일지라도 신 중심적이다. 이는 신의 의지와 계획이 인간의 삶, 인간의 욕구, 인간의 영감과 꿈, 그리고 나약함 위에 존재한다는 것을 의미한다.

현대 역사는 기이함과 모순으로 가득하다. 19세기 초에 등장한 종족 종교적인 민족주의 때문에 하인리히 하이네는 독일인으로 인정받기 위해 기독교로 개종했다. 마찬가지로 1930년대 폴란드 민족주의는 내 아버지가 가톨릭이 되지 않는다면 온전한 폴란드인으로 인정할 수 없다고 했다. 21세기 초 이스라엘 안팎의 시오니스트들 역시 시민적 이스라엘 민족 정체성의 원칙을 일체 거부하며 유대 민족 정체성만을 인정한다. 그리고 이 유대 민족의 정체성은 종교법의 과정을 따라야만 획득할 수 있고, 사실상 이것은 거의 불가능하다. 즉 이스라엘을 자기 민족 국가라고 말하려면, 유대인 어머니에게서 태어나야 하며, 만일 유대인 어머니가 없는 확고한 무신론자라면 유대 법률에 순응하여 길고 지난한 개종 과정을 만족스럽게 거쳐야 한다.

이스라엘 국가에서 유대인성에 대한 모든 정의는 잘못된 믿음과 오만함에 젖어 있고, 따라서 몹시 기만적으로 표출된다. 이 글을 쓰던 당시에, 이스라엘에서 아이를 낳고 키운 많은 이주 노동자들이 최고 랍비단(이스라엘 법에 의해 공인된 유대교 최고 종교 기관_옮긴이)에 유대교로 개종하겠다고 신청하였으나, 그들의 간절한 요청은 즉각 거절당했다. 그들은 '선택된 민족'이 되려고 유대교 신앙을 충족하고자 했던 것이 아니라, 자신들이 도망쳐 나온 그 지옥으로 돌려보내지지 않기 위해 이 '유대 국가'에 합류하길 원했다.

나는 텔아비브 대학에서 팔레스타인 출신 학생들을 가르친다. 그들은 완벽한 히브리어를 구사하며 법적으로 완전한 이스라엘 시민으로 여겨지지만, 내무부의 기록에 의해서는 '이스라엘인'만이 아닌 명확한 '아랍인'으로 함께 규정된다. 이런 정체성의 확정은 결코 개인들의 자발적인 선택이 아니다. 정체성은 그들에게 부여되며, 이를 바꾸는 것은 사실상 불가능하다. 프랑스나 미국, 이탈리아, 독일 또는 다른 어떤 자유 민주주의 국가에서 국가가 자신을 유대인이라고 생각하는 개인들에게 신분 증서에 이런 특질, 즉 유대인인지 아닌지를 표기한다면, 혹은 그런 개인들이 공식 인구 조사에서 그런 식으로 분류된다면, 얼마만큼의 분노가 터져 나올지 충분히 상상할 수 있을 것이다.

제2차 세계 대전의 유대인 학살 이후, 1947년의 유엔 분할안은 결국 빛을 보지 못한 '아랍 국가'와 나란히 '유대 국가'를 만들 것을 제안하고 있다. 이를 통해 21세기, 지금 이 시점에 그러한 명명에 의존하는 일이 왜 문제가 있고 위험한 시대착오적 발상인지 이해할 수 있을 것이다. 20퍼센트의 아랍인을 포함한 이스라엘 시민권자의 25퍼센트가 법의 테두리 안에서 유대인으로 정의되지 않는다. 그러므로 '유대인'이라는 정의는 '이스라엘인'이라는 정의와는 반대로 비유대인들을 포함하지 않는다. 이뿐만 아니라, 국가는 명백히 시민 집단의 이해에 따라 존재함에도 불구하고 그 시민 집단에서 비유대인들을 대놓고 배제하는 것과 같다. 그러한 제약은 반민주적인데다가 이스라엘의 존재에 대한 위협이기도 하다.

하지만 내가 이 짤막한 글을 써야겠다고 생각한 것은 이스라엘 국가의 반공화주의적 정체성 정책identity policy 때문만은 아니다. 그 정책이 나의 글에서 핵심적인 위치를 차지하고 있다는 것은 사실이며, 나의 날 선 주장들이 등장하게 된 원인임에는 분명하다. 하지만 또 다른 요소들이 이 글의 내용과 목적을 가다듬는 데 영향을 주었다. 그래서 이스라엘 대중뿐만이 아니라 전 세계적인 네트워크에 뿌리박혀 있는 통념과 추정에 커다란 물음표를 찍고 싶었다. 나는 20세기 후반을 거쳐 21세기에 이르는 동안 서구 문화의 심장부에 자리 잡은 유대인성의 정의 방식에 때로 뭔가 불편함을 느껴 왔다. 어떤 면에서는 히틀러가 제2차 세계 대전의 승자라는 인상이 점점 강해졌다. 분명 그는 군사적으로나 정치적으로 패배했지만, 그의 왜곡된 이데올로기 자체는 깊이 가라앉아 있다가 몇 년 만에 다시 떠올랐다. 그 이데올로기는 오늘날 강력하고 위협적인 신호를 뿜어내고 있다.

우리 자신을 기만하지 말자. 대학살로 막을 내렸던 끔찍한 유대 혐오의 위협은 오늘날 더는 존재하지 않는다. 유대인과 세속화된 그들의 후손에 대한 병적인 증오가 서구 문화에서 갑자기 다시 살아나지도 않았다. 대중적이고 정치적인 반유대주의는 자유 민주주의 세계에서 사실상 상당히 밀려났다.[1] 이스라엘 국가와 '디아스포라'에 있던 시오니스트 제창자들은 이스라엘 정책에 대한 비판과 반유대주의를 동일시하면서 유대인에 대한 증오가 계속해서 커지고 있다고 외쳐대고 있다. 하지만 이와 관련된 명확한—내가 이 글을 쓰는 데 대략적인 조건을 만들었고, 나에게 영감을 준—사실을 하나 강조해야겠다.

오늘날 그 어떤 정치인도 공개적으로 반유대주의적인 발언을 할 수 없다. 아마도 중부 유럽이나 새로 형성된 이슬람 민족주의의 범위 안에 있는 몇몇 지역을 제외하고는 말이다. 무게 있는 언론 기관은 반유대주의의 헛소리를 유포하지 않으며, 권위 있는 출판사는 유대인에 대한 증오를 옹호하는 작가의 글은

---

1 '반유대주의(anti-Semitism)'라는 개념은 이 글에서 많이 등장하지 않는다. 더 적절한 표현을 쓰기 위해서다. 하지만 내 머릿속에서 이 말은 모호한 언외(言外)의 의미를 지닌다. '셈족(Semite)'이라는 말이 분명 인종 차별적이며 어떤 역사적 근거도 가지지 않은 채 유대 혐오자들에 의해 만들어졌던 것이다.

내주지 않는다. 그 글이 대단히 기발해도 말이다. 국영이든 민간이든, 어떤 라디오 방송이나 텔레비전 채널에서도 유대인들에게 적대적인 발언자가 등장해서 말하도록 내버려 두지 않을 것이다. 그리고 유대인들을 깎아내리는 어떤 발언이 넌지시 대중 매체의 틈을 비집고 나온다면, 이는 즉각적으로 압박을 받을 것이다.

대략 1850년부터 1950년까지 서구 사회가 겪은 길고도 고통스러웠던 유대 혐오의 세기는 사실상 끝이 났고 그래야만 했다. 유대 혐오적인 관점을 가진 극소수가 몇몇 남아 있는 것은 사실이다. 과거의 유물들, 수상쩍은 살롱에서 귓속말로 전해지는 그 증오는 (당연히 그들이 가야 할 곳인) 묘비에만 새겨져 있을 뿐이다. 때로는 미친 아웃사이더들이 이 증오를 입에 올리기도 하지만, 대중은 그것을 최소한의 합당한 의견으로도 여기지 않는다. 오늘날 남아 있는 극소수의 **반유대주의**와 강력한 주류였던 과거의 **유대 혐오**(강조는 역자)를 동일시하는 것은, 20세기 중반까지 서구의 기독교적 현대 문명에서 표출되었던 유대 혐오의 영향력을 경시하는 것과 같다.

하지만 신비로운 특성이 있는 '혈족'으로 유대인을 바라보는 인식은 여전히 팽배해 있다. 어떻게 대대로 전해지는지 알 수

22

없는 이 특성은 과거에는 단순히 생리학적 특질, 혈통, 얼굴 형태 등을 의미했다. 하지만 지금은 이 혈족 특질이 DNA나, 아니면 보다 미묘하고 희미해진 대체 요소, 즉 세대의 고리를 따라 직계로 내려오는 어떤 것이라는 강력한 믿음의 문제가 되었다.

먼 옛날에 우리는 두려움, 경멸, 타자에 대한 증오, 그리고 한데 뒤섞여 버린 무지에 맞서야 했다. 오늘날의 '포스트쇼아 고임post-Shoah goyim(홀로코스트 이후 비유대인. 이스라엘어로 쇼아Shoah는 홀로코스트, 고임goyim은 비유대인이다_옮긴이)'에게서 우리는 한데 섞인 공포와 죄의식, 그리고 무지를 발견하며, 때로는 '신유대인들'의 희생자 노릇, 자아도취, 허세, 게다가 터무니없기까지 한 무지를 마주하곤 한다.

그래서 나와 내 소중한 이들의 미래를 위해 난 이 눈먼, 그리고 다른 이들을 눈멀게 하는 결정론자들의 구속에서 벗어나려는 간절한 시도로써 이 글을 써야겠다고 생각했다. 종족, 즉 불변의 혈족-민족으로서의 유대인의 정체성과, 먼 땅에서 온 이주 노동자들, 또 거의 50년간의 점령 정권에 복속되어 권리를 박탈당한 팔레스타인, 이스라엘의 비유대인 시민들을 대하는 이스라엘의 정책들 사이에는 밀접한 관련이 있다. 이는 부정할 수 없는 명백한 현실이다. 본질적이며 비종교적인 정체성의 발달 때문에 종족 중심적이고 인종 차별적인, 또는 그에 따르는 관점들이 이스라엘 안팎에서 영구화된 것이다.

20세기의 첫 반세기에 일어났던 비극을 생각해 보면 유대 후손들이 이스라엘을 향해 갖는 감성적인 결속을 부정할 수는 없다. 이는 이해할 만한 일이고 이를 비판하는 것 또한 어리석은 일이다. 하지만 결코 부정할 수 없는 그러한 결속이 있다고 해서 유대인성의 개념이 영구적이고 탈역사적인 본질이 되지는 않는다. 자신을 유대인으로 규정하는 많은 사람이 이스라엘 국가의 자기 규정에 내재하는 분리 정책, 1967년에 정복한 영토에서 시행하고 있는 점령과 식민화의 확대에 점점 더 많은 지지를 보내는 것 역시 필연적으로 그러한 결속으로부터 나왔다고 할 수는 없다.

나는 반유대주의 독자들을 위해 이 글을 적는 것이 아니다. 그들은 철저히 무지하거나 아니면 불치병에 걸렸다고 생각한다. 좀 더 배웠다는 인종 차별주의자들에 대해 말하자면, 난 그들을 설득할 방법을 모르겠다. 대신, 난 유대인 정체성의 기원과 변형, 그 존재의 현대적 형태, 그리고 그 다양한 규정으로 생겨난 정치적 영향들에 의문을 가지고 있는 사람들을 위해 이 글을 쓰고 있다. 이를 위하여 난 내 기억 속에 기워진 여러 조각 사이에서 특정한 조각들을 추려 내고, 내가 살아오면서 획득한 개인적 정체성의 고리 안의 몇몇 요소들을 밝히려고 한다.

2장

정체성은 모자가 아니다

Identity Is Not a Hat

익숙한 우스갯소리 하나로 글을 시작하는 게 좋을 것 같다. 파리 교외의 한 학교에 다니는 무함마드는 어린 천재로 불렸다. 그는 산수에 능할 뿐 아니라 프랑스어에도 뛰어났다. 어느 날, 선생님이 무함마드에게 오더니 물었다. "너를 피에르라고 부르는 건 어떨까?" 어린 무함마드는 얼굴이 환해졌고 신나서 그 제안을 받아들였다. 그날 오후 무함마드 겸 피에르가 집에 도착하자 어머니가 말했다. "무함마드야, 슈퍼마켓에 가서 우유 두 병만 사오렴." 무함마드는 이제 자기 이름은 피에르라면서 심부

름 가기를 거부했다. 저녁이 되자 아버지가 퇴근해서는 무함마드에게 냉장고에서 물을 가져오라고 했다. 아이는 거절하면서 자기는 피에르라고 다시 한번 말했다. 아버지는 일어나서 무함마드의 뺨을 때렸고, 그때 손가락에 끼고 있던 반지에 얼굴이 긁혔다. 다음날 무함마드가 교실에 들어오자 선생님이 물었다. "피에르, 얼굴이 왜 그러니?" 그러자 아이가 대답했다. "아랍 놈이 날 두들겨 팼어요!"

당연히 이것은 아랍인들이 아니라 프랑스인들이 하는 얘깃거리다. 긍정적이든 부정적이든 이 이야기는 '얻기 쉬운' 프랑스 민족 정체성의 성격을 보여주지만, 이스라엘을 배경으로 했다면 상황이 달라진다. 이런 우스갯소리를 활용하면서 이스라엘의 정체성 정책을 설명하기에는 그 분리주의의 차원이 다르기 때문이다. 또한, 그로 인해 우리는 정체성의 개념, 즉 정체성에 내포된 자기 인식과 정체성으로 인한 사회적 분열의 위험, 정체성이 가진 상상적 차원, 명백한 타자 의존성, 그리고 정체성을 바꿀 수 있는지에 대한 개인의 능력 등에 대해 돌아볼 수 있을 것이다.

정체성이라는 개념은 자신이 속한 사회적 환경에 대한 인식이 있어야만 얻을 수 있다. 사소한 부분일 수 있지만, 이 개념은 인류 초기부터 존재했었다는 사실을 말해두어야겠다. '자아'는 타자의 시각과 끊임없이 대화함으로써 그 자신을 만들어 내고 설정한다. 그러한 정체성은 지속적이고 보편적인 심리적 욕구에 반응하는 것으로, 모든 인류에게 공통으로 나타나는 현상이다. 하지만 그 형태와 종류는 자연적으로 주어진 요소(성별, 피부색, 키 등)와 외부적 요소, 즉 사회적 환경에 따라 결정된다.

정체성은 항상 인간 개개인들이 보여주는 관행과 그 관행들이 타인에게 종속된 방식에서 기인한다. 우리는 정체성을 가지고 있고 정체성 없이는 살 수 없다. 한 사람의 정체성은 다른 사람의 관점과 항상 일치하는 것은 아니더라도 소통할 수 있는 출구를 만든다. 그런 식으로 개인들은 자기 자신과 주변 환경에 모두 의미 있는 존재가 된다. 사람들의 정체성은 사람들이 살아가는 사회 안에서 어느 정도 그 위치를 형성하며 그 집단의 정체성과 상호 교류한다. 모든 개별적 정체성은 그 주요 특성상 집단적 정체성에 속한다. 마찬가지로 이 집단 정체성은 대개 특정한 정체성들이 모인 결과이자 십중팔구는 그 집합체와 타자 집단들과의 상호 관계, 그리고 자기 규정 속의 특출한 요소들이 모인 결과이다.

정체성은 모자나 외투가 아니라는 것을 명심해야 한다. 동시에 몇 개의 정체성을 가질 수는 있지만, 모자나 외투와는 달리 정체성은 마음먹은 대로 바꿀 수 없다. 그래서 저 어린 소년, 무함마드 겸 피에르에 대한 우스꽝스러운 이야기가 나오는 것이다. 사람은 고용주 또는 노동자이면서 동시에 무신론자일 수도, 기혼자일 수도, 키가 크고 젊을 수도 있다. 이런 정체성은 공존하면서, 서로에게 침투하거나 상호 보완하며 존재하는 서로 다른 권력층과 권력 체계를 이룬다. 젊은이부터 노인에 이르기까지, 현대인의 정체성 팔레트는 매혹적인 주제이다. 변화하는 상황 속에서 그 팔레트가 자신을 드러내거나 사회 질서를 만들고 또는 그 질서에 도전하는 데 이바지하는 방식은 특히 매혹적이다. 모든 종류의 정체성에서 볼 수 있는 극단적인 공격 성향도 논의할 가치가 있다. 하지만 이러한 사회 심리학적인 경향을 이 에세이에서 논의하는 것은 내 능력 밖의 일이다.

이 책에서는 내가 주로 관심이 있는 문제의 틀에 집중하려고 한다. 어떤 정체성들은 상호 보완하고 서로가 겹쳐질 수 있지만, 서로 배타적인 관계를 형성하는 정체성도 있다. 남자이면서 동시에 여자이거나, 키가 크면서 작거나, 미혼이면서 기혼일 수는 없다. 마찬가지로 무슬림이면서 동시에 크리스천이거나, 가톨릭이면서 개신교이거나, 불교도이면서 유대교일 수는 없다.

물론 (초기에) 신앙이 분열되기 시작할 때는 여기저기 혼합되거나 중간에 있는, 예외적인 신앙의 형태가 나타나기는 한다.

그렇게 최근 150년 동안에는 프랑스인이면서 동시에 독일인일 수 없었고, 폴란드인이면서 러시아인이거나, 이탈리아인이면서 스페인인이거나, 중국인이면서 베트남인이거나, 모로코인이면서 알제리인일 수 없었다. 과거와 현재의 종교 정체성과 현대의 민족 정체성은 모자나 코트와 마찬가지로 동시에 여러 개를 걸칠 수 없다. 종교(그러니까 더 앞서 등장했던 다신교가 아니라 일신교 전통)와 애국심(전前 국가 단계의 이행기, 대이주 상황, 탈민족 감성을 제외하고는)은 개인과 집단 모두에게 완전한 배타성을 요구한다. 이 점이 특히 종교와 애국심이 힘을 갖는 특별한 근원이다.

수 세기 동안, 전근대 세계의 종교 정체성은 이해할 수 없는 자연 현상과 사회 현상들을 설명하고 거기에 의미를 붙였다. 또한, 유한한 성격을 극복하기 위해서 천국과 윤회의 형태로 영원성의 아우라를 삶에 부여했다. 이 유용하고 장기적인 서비스를 구실로 여러 교회는 재정적인 보상만이 아니라 자기네가 제공하는 배타적 진리에 헌신할 것 또한 요구했다.

이 진리는 그 성격을 알기 쉬운 정체성 집단 안으로 믿는 자들을 통합함으로써 사람들의 마음을 편안하게 만들었다. 그로써 그들의 삶은 이해받고 의미를 부여받았으며 또한 질서와 안정감을 얻게 되었다. 그 개인은 자신이 농부거나 대장장이, 상인이나 행상, 군주거나 노예라는 것과 함께, 또한 자신이 크리스천, 유대인, 무슬림, 힌두, 혹은 불교도이기도 하다는 것을 알고 있었다. 다들 어떤 식으로든 종교 정체성을 가지고 있었으며, 신이 없다는 가정은 상상할 수도 없었다. 하지만 인간이 자연의 신비로운 장소들을 점령해 가고 '사물의 본질'에 숨겨져 있던 비밀들을 밝혀내면서 인간은 자연, 그리고 자연의 생산물과 자연의 변화에 대한 지배를 넓혀 갔다. 그 결과 전능한 신은 해체되었고, 무엇보다 민중들의 삶에 있어 지상에 있는 신의 대리인들은 정당성을 잃었다. 전통적이고 제도화된 종교들이 사라진 것은 아니었다. 하지만 종교가 인간 사회 전반에서 물러남과 동시에 사회생활의 윤리적 규율을 담당하게 될 새로운 집단 정체성이 자라났다. 산업화와 제국주의 시대에는 시장 경제가 성장하며 그 정점을 찍었을 뿐 아니라, 인쇄에서 라디오와 텔레비전에 이르기까지 인간의 소통 수단이 현대화되는 강력한 변화를 겪었다. 그리고 계급 관계의 구조에 주요한 변화가 생기면서, 민족 정체성은 정신적 폭우가 쏟아지는 현대 사회의 중요한 피뢰침이 되었다.

이 새로운 집단 정체성이 필요했던 이유는 여러 가지가 있었다. 그중에서도 특히 수평적이고, (도시화에 따른) 수직적인 (사회계층을 동반한) 이동을 언급할 필요가 있다. 또한, 동질의 대중문화를 요구하는 분업과 그와 함께 점점 증가하는 노동 파편화역시 언급해야 한다. 민족 국가는 대중들이 민족으로 만들어지는 과정을 이끌었다. 민족 국가 없이 민족화란 일어나지 않았을 것이다. 이를 위해서 민족 국가는 효율적인 공공 및 민간 커뮤니케이션 망에 의지했고, 특히 19세기 말부터는 의무 교육이가능한 두 기관, 즉 국가 지정 교육 기관과 군국주의 목적을 가진 군대에 의존했다.

이 새로 등장한 민족 정체성은 대개 이전의 종교 정체성을흡수했다. 민족 정체성은 종교적 상징과 예식 일부를 도용하여새로운 집단 정체성의 기반을 마련했다. 또 다른 경우에는, 민족 정체성이 이런 상징과 깃발들을 완전히 세속화시키면서 새로운 개념들을 만들어 내기도 했다. 그러나 그것들을 신비하면서 때로는 무지한 과거와 계속해서 접합하는 것은 여전했다. 특히 영혼에 관한 형이상학 영역 등의 몇몇 부문에서 전임자인 종교 정체성보다 내용이 빈약했던 민족 정체성은 아주 대담하게다른 부분에 눈을 돌렸다. 광범위한 대중 동원, 지지자들에게 관대하게 분배된 조국의 동등한 소유자라는 감성이 강조되었다. 종교와 민족 정체성 간의 가장 큰 차이는 주권이라는 개념과 관련이 있다. '순수한' 신자들에게 주권은 언제나 그 개인의 정체성 밖에 존재하는 것이다. 반면에 '민족 정체성'의 열광적인 지지자들에게 주권이라는 감성은 정체성에서 필수적인 요소이다. 옛 군주와 우주의 주인이 차지했던 자리를 대신한 것은 국가이다. 국가가 행위의 주체이자 책임자로서 등장했고, 그렇게 주된 숭배의 대상이 됐다.

지난 두 세기 동안, 민족 정체성은 놀라운 세력을 끌어모았다. 수백만 명의 사람들에게 조국을 방어하거나 확장하기 위해 기꺼이 목숨을 내걸라고 요구했고, 그보다 훨씬 많은 수의 사람들에게 언어와 삶의 방식을 부여했다. 민족 정체성은 이렇게 역사상 전례 없이 강력한, 집단적이고 대중적인 연대를 일으켰다.

이 새로운 정체성은 역사를 민족화시켰고 이러한 방식은 현재의 애국적인 필요에 들어맞았다. 민족적 가상 세계는 항상 오랜 이야기의 형태를 취한다. 전설, 위대한 행동, 특정 부족 신화, 종교 공동체들, 왕국들이 하나의 길고 일관된 내러티브로 변형되어 가상 세계의 민족들이 태초부터 존재했음을 주장했다. 국가가 탄생한 순간부터 흐르기 시작한 신화적 시간의 연속성에서, 그 신비롭고 분절된 상들이 허구적인 근거로 이용된 것이다.

우리에게 국가라는 개념이 없었더라면 학문으로서의 역사학(나의 생계를 잇게 해주는 그 학문)을 초등학교 때부터 중학교 때까지 그렇게 지속적이고 한결같이 배울 일은 없었을 것이다. 자유주의적이든 전체주의적이든 간에 모든 민주주의 체제에서는 모든 학생이 자신이 속한 '민족'의 역사를 읊어야만 한다. 역사의 뮤즈인 클리오는, 근대 민족이 집단 정체성을 북돋고 그들의 믿음을 국가라는 정치적 대리 기구에 봉인할 목적으로 신봉하는 여신이 되어 버렸다.

19세기 말 반유대주의가 널리 퍼지며 성장했다. 그리고 여기에서 기인한 인종 차별에 대한 반작용으로, 유대 후손의 분파는 저절로 민족화 단계를 겪었고 심지어 자체 인종화까지 이르렀다. 이 현상은 고대 신화와 전설을 새롭게 살려냈고 새로운 형태의 세속적 정체성들을 만들어 냈다. 한때 남성들은 키파(유대인이 쓰는 작은 챙의 둥근 모자_옮긴이)와 탈릿(기도할 때 쓰는 숄_옮긴이)을 갖추고 수염을 길렀으며, 여성들은 머리를 밀고 가발을 썼다. 그러나 20세기 중반에는 이러한 관습들이 거의 사라지고 '종족으로서의 유대인'이라는 정체성이 그 자리를 차지했다. 이 새로 등장한 유대인의 일부가 열광적인 시오니스트들이 되었다. 다른 이들은 유대 민족 정체성의 존재를 믿게 된 것은 아니었지만, 자신들을 비방하는 자들의 본질주의자 관점은 받아들였다.

만일 최근까지도, 그 모든 박해에도 불구하고 어떤 특정한 유일신을 숭배하는 일이나, 고집스럽게 종교적 정언을 따르고 일련의 기도를 수행하는 행동이 유대인이 된다는 것을 의미했다면, 역사는 현대적인 정체성 정치 분야에 놀랄 만한 허상을 불러왔을 것이다. 하지만 이제부터는 반유대주의자와 친유대주의자 모두의 눈에 유대인이란 그 사람이 따르는 문화적 관습이나 규범에 상관없이 항상 유대인이다. 그 개인이 무엇을 하는지, 무엇을 만들었는지, 무슨 생각을 하고 무슨 말을 했는지에 따라서 결정되는 것이 아니라 인격 안에 타고난 영원하고 신비로운 본질 때문에 유대인으로 생각되는 것이다. 실제로 이스라엘과 세계 각지의 시오니스트 과학자들은 유전학까지도 도입하고 있다. 나는 이러한 상황을 낳은 원인들을 밝히고자 한다.

3장

세속적 유대 문화라니!

A Secular Jewish Culture?

모든 시작에는 여러 계기가 있듯이, 내 질문은 2001년으로 거슬러 올라가, 파리 11구에 있는 한 아파트의 넓은 주방에서 시작됐다. 어느 날 그 집을 방문한 내게, 가장 가까운 친구의 아내인 미셸이 이렇게 물으면서 나를 당혹스럽게 만들었다. "말해 봐요, 슐로모. 시나고그(유대인의 예배, 집회, 교육이 이루어지는 회당_옮긴이)에는 발도 들여놓지 않고 유대 명절을 기념하거나 안식일에 초를 밝히지도 않고 심지어 신도 믿지 않는 우리 남편이 왜 유대인이라는 거죠? 수십 년 전부터 교회에 나가지 않고 완벽하게 세속적인 나를 그 누구도 크리스천이나 가톨릭 신자라고 부르지 않는데 말이죠!"

솔직히, 나는 예상치 못했던 그녀의 그 직접적인 질문에 놀랐다. 난 곰곰이 생각해 본 끝에, 모든 것을 알고 있는 사람처럼 답하고자 애썼다. 평소처럼 말이다. 나는 꽤 자신 있게, 하지만 내 논법에 완전히 확신하지는 못한 채로 대답했다. "크리스천 정체성과는 다르게 유대 정체성은 그저 신을 믿거나 특정한 방식으로 예배하는 것의 문제가 아니에요. 역사는 유대인들에게 전통적인 종교 문화의 표식을 넘어선, 눈에 띄는 표식을 남겼지요. 현대에 유대인들은 차별의 희생자라는 특별한 정체성을 갖게 되었어요. 유대인들을 향한 적대감 때문이죠. 이를 고려하고 존중해야 하는 거라고 봐요." 논의는 자연스럽게 히틀러와 나치 이야기로 옮겨 간 후 끝이 났다. 나는 역사에 관한 해박한 지식을 이용하여 내가 세속적 유대인이라는 것을 정당화하기 위한 주장들을 잔뜩 펼쳐놓았다. 그리고 누가 알겠는가? 나 역시도 내 정체성에 나를 끼워 맞추려고 했던 것이었을지.

하지만 이 대화는 막연하게 불편함을 남겼다. 나 자신의 주장이 만족스럽지 않았던 것이다. 뭔가가 빠져 있었지만, 그게 뭔지 당장은 알 수가 없었다. 선뜻 받아들일 수 없는 어떤 생각이 계속 떠올랐지만 난 거듭 부정하기만 했다. 몇 주 동안이나 나는 이 질문에 눌려 벗어나지 못한 채 고민을 계속했다. 잘 알다시피 우리의 사고 체계의 기반이 되는 개념이나 구조를 의심하기는 쉽지 않다. 이보다는 일상의 대화에서 끊임없이 재생산되는 단순한 편견이나 생각들을 고수하는 편이 훨씬 쉽다. 마르틴 하이데거가 생전에 말했듯이, 살면서 우리가 언어와 개념을 가지고 생각하는 것보다 언어와 개념이 우리를 통해 생각하는 경우가 더 많다.

하지만 세속적이며 무신론자인 유대인이 있다는 생각이 왜 모순이란 말인가? 유대 민족은 수천 년간 존재해 오지 않았던가? 유배되고 흩어진 채 2천 년 동안을 헤매면서 말이다(다른 모두처럼 나 역시도 여전히 '유대 민족의 유배'는 기독교 시오니스트들의 작품이라고 생각했다). 박해의 역사 탓에 유대인들 사이에 특정한 감성, 근본적이며 공통된 행동 방식, 특별한 연대 의식이 자라나지 않았던가? 보라! 여기 모든 면에서 나를 키운 세속적 유대 문화가 있다. 칼 마르크스, 지그문트 프로이트, 앨버트 아인슈타인이 유대 문화와 과학을 만든 게 아니던가? 현대의 세속적 유대인들은 그들을 비롯한 다른 많은 유대인을 자부심을 느끼며 바라보지 않았던가? 최소한 내가 학교에서 모든 선생님과 친구들에게서 들었던 내용은 그러했다.

시간이 지날수록 나는 점점 더 이 문제 때문에 마음이 불편해졌다. 분명 세속적인 유대 문화는 존재했다. 그 증거로 신을 믿지 않고 전통의 잔재조차 지키지 않지만, 자신을 유대인이라고 규정하는 사람들이 있었다. 세속적 유대인을 만든 것은 반유대주의라는, 오랜 시간 회자되고 있는 장 폴 사르트르의 주장이 내게는 여전히 완벽하게 타당해 보였다. 정체성이란, 주체가 스스로에 대해 가지고 있는 인식만큼이나 타자의 시선에 의해 고정되는 것이 아니던가? 난 유대인이 '비유대인'인 타자와 함께 존재하는 이상 '유대적 타인성他人性'을 제거하거나 그로부터 축출되는 것은 불가능하다고 믿어 왔다.

하지만 정확히 무엇이 세속적인 유대 문화를 구성하고 있는지 정직하게 검토하기 시작하면서 난 혼돈의 구렁텅이에 빠져버렸다. 그런 규정을 공식화하기는 사실상 어렵다는 것을 느닷없이 깨달았기 때문이다. 분명히 유대 종교 문화는 민간전승과 이국적인 장치들을 가진 채로 존재한다. 성경은 유대교만의 점유물이 결코 아니며 모든 서구 일신교 전통(유대교, 기독교, 이슬람)의 문화적, 역사적 토대를 이룬 것 중 하나이다. 하지만 미쉬나(유대교 구전 율법_옮긴이)와 탈무드, 사아디아 가온(9세기 랍비로 유대의 기도문을 적었음_옮긴이), 마이모니데스Maimonides(12세기 유대인 박해 시기의 스페인 지역 태생 철학자로 미쉬나에 대한 주석을 적었음_옮긴이), 그리고 다른 랍비 전통 해석들은 유대교에서 나온 것들이자 유대교를 만든 대단히 훌륭한 유산이다. 또한, 현대 유대 사상의 주요 흐름도 있다. 모세 멘델슨Moses Mendelssohn, 헤르만 코헨Hermann Cohen, 프란츠 로젠바이히 Franz Rosenzweig, 마르틴 부버Martin Buber, 아브라함 요수아 헤셸Abraham Joshua Heschel에서부터 엠마누엘 레비나스Emmanuel Levinas에 이르기까지, 여러 사상가가 유대 철학의 사상을 해석하고 발전시키려 노력해 왔으며, 다방면에서 의미 있는 결과들을 성취하고 있다. 물론 이런 사상들은 그 안에 독창성을 갖고 있을지라도, 항상 비유대적 철학과의 결합을 통해 양분을 얻었다는 사실을 언급해야겠지만 말이다.[1]

그렇다면 자신을 세속적 무신론자 유대인이라고 규정하는

---

1 난 이 목록에 스피노자를 넣지 않았다. 이스라엘 안팎에는 그를 단순히 유대 배경을 가진 철학자가 아니라 유대 사상가로 대하는 비열한 관행이 존재한다. 이는 자신을 '세속적 유대인'이라고 부르는 사람들의 본질주의적이고 부족주의적인 개념을 보여준다. 스피노자는 유대 공동체에서 추방되었을 뿐만 아니라 그의 저서들은 유대 공동체에서 금지되었다. 그뿐만 아니라 완숙기의 스피노자는 더 이상 자신을 유대인으로 간주하지 않았으며 유대인을 말할 때 항상 제3자로 말했다. 그리고 바루휘(Baruch)라는 히브리어 성을 갖고 태어났지만 이를 절대 사용하지 않았고, 항상 자신의 이름을 베네딕트나 베네딕투스라고 썼다.

사람들이 공통으로 가지고 있는 문화는 구체적으로 무엇일까? 지적이거나 대중적인 표현이 있는 공통된 언어가 있던가? 한 민족의 문화란 무엇보다 그들이 말하는 언어, 특히 대화를 구성하는 특정한 코드들로 특징지어지지 않던가? 세속적 유대인들을 구별하고 특징짓는 삶의 방식은 무엇인가? 현대에 제작된 유대 연극이나 유대 영화는 어디 있는가? 왜 세속적 유대 시, 세속적 유대 문학, 세속적 유대 철학이라는 것은 없을까? 전 세계의 모든 유대인, 아니 최소한 다수 유대인에게만이라도 공통된 그들의 삶의 방식, 몸짓, 취향이 있는가? 즉, 유대인이라고 분류되는 전 세계의 사람들에게 정신적 토대가 되는 유대 문화, 일상에서 드러나는 독창적인 유대 문화란 것이 있느냐는 것이다. 칼 마르크스나 지그문트 프로이트, 앨버트 아인슈타인의 업적에 유대적 요소라고 말할 만한 것이 있던가? 자본주의 비판, 무의식 가설, 상대성 이론이 세속적 유대 문화를 보존하거나 형성하는 데 어떤 식으로든 공헌했던가?

이 각각의 질문에 대한 대답이 부정이라는 것을 안 후, 난 내가 가진 세속적 유대 정체성이란 그저 나의 태생만을 기반으로 하고 있음을 알게 되었다. 즉, 그 기반이란 오직 과거, 더 정확하게는 과거를 재구성한 나의 기억이었다. 내가 특정한 문화를 가진 살아있는 정체성이라고 당연하게 믿고 있었던 집단적 유대 정체성은, 그 안에 현재와 미래라는 요소를 거의 담고 있지 않았다. 어디에서도 소위 세속적 유대인이라는 사람들이 공통으로 가지고 있는 삶의 방식을 찾아볼 수 없다. 세속적 유대인들은 전 세계에 있는 다른 세속적 유대인과 기쁨과 고통을 나누지 않으며, 그들만의 언어로 소통하거나 꿈을 꾸지 않는다. 대신에 그들은 각각 자신들이 사는 나라의 언어와 문화 속에서 자기표현을 하고 생계를 꾸리고 감정을 표현하며 신앙생활을 한다.

내 유년 시절을 밝혀 주었던, 다다이스트적 반항을 보여 준 로젠스탁 사무엘Samuel Rosenstock, 트리스탄 짜라Tristan Tzara라고도 불리던 그가 쓴 것은 유대 시가 아니었다. 동유럽 유대인 출신으로 내가 항상 좋아했던 각본을 쓴 해럴드 핀터는 영어로 작품을 썼고, 거기에 유대적인 거라곤 전혀 없었다. 내가 가장 좋아하는 영화감독인 스탠리 큐브릭은 전적으로 미국적이면서도 보편적인 영화들을 만들었지만, 그 안에 유대적인 요소는 단 한 톨도 들어가 있지 않다. 내가 박사 논문을 쓸 때 물고 늘어졌던 철학자 앙리 베르그송이 세상에 내놓은 것은 유대 철학이 아니었다. 내가 그 논법과 서술 기교들을 차용해 보려고 헛

된 노력을 기울였던, 20세기 가장 위대한 역사가 마르크 블로흐Marc Bloch는 유대 역사에는 전혀 관심이 없었으며 전적으로 유럽 역사에만 몰두해 있었다. 내가 공산주의에 대한 환상에서 벗어나는 데 큰 도움을 주었던 대담한 선동가인 아서 코슬러Arthur Koestler가 유대 작가던가? 그리고 내가 오랫동안 흠모했던 세르쥬 갱스부르Serge Gainsbourg가 아무도 모르게 프랑스 노래들이 아닌 유대 노래들을 작곡하고 해석했던가?

위에 언급된 사람들을 비롯해 어느 정도의 유대적 배경을 가지고 있는 사람들은 훨씬 더 많다. 서구의 과학 문화 분야에 유대 태생의 인물들이 상대적으로 많은 이유를 이 배경이 간접적으로 설명해 줄 수도 있다. 오랜 소외 상태를 겪는 동안, 박해받는 종교적 소수자로서 원치 않게 추상적 영역에만 활동이 제한되어 있었기 때문이다. 그리고 늘어가는 기호와 상징의 산물을 특징으로 하는 현대 사회에 빠르게 접근하여 성공할 수 있는 도약판을 마련할 수 있었던 것이다.

실로 몇몇 문화적 창시자들에게는 이미 붕괴의 고통을 겪은 유대적 과거로부터 온 파편들이 있다. '탈유대'적이라고 부를 수 있는 파편들이다. 프란츠 카프카는 히브리어를 배우려고 노력한 적은 있었지만, 전혀 유대적이지 않은 작품집을 냈고, 의

도적으로 그 안에 유대적 성격을 전혀 가미하지 않았다. 동시에 그의 가족이 중앙 유럽에서 꾸리던 유대적인 삶이 그의 이야기 속에서 소외와 불안이라는 신호로 강력히 표현되는 데 일조했다고 추정해 볼 수 있다. 이것은 발터 벤야민에게도 해당한다. 그는 자신의 유대적 기원의 환경에 대한 호기심으로 잠깐 히브리어와 카발라 신비주의에 관심을 갖기도 했지만, 곧 그것과 거리를 두었다. 그리고 프랑스에 관해서 썼던 매우 독창적인 글들에서 볼 수 있듯이 독일 문화 비평, 사실 더 정확하게는 유럽 문화 비평에 몰두했다. 그러나 동시에 그의 작품에서도, 다른 요소들과 함께 그의 유대적 가족 배경에 뿌리를 두고 있는 비극적 차원이 드러나는 것을 볼 수 있다.

유대적이며 특히 이디시적인 동유럽 감성의 일부가 슈테판 츠바이크Stefan Zweig, 요제프 로트Joseph Roth, 이렌 네미로프스키Irène Némirovsky, 솔 벨로Saul Bellow, 필립 로스Philip Roth, 헨리 로스Henry Roth, 그리고 차임 포톡Chaim Potok 등등의 작품들에서 빛을 발하고 있는 것 또한 사실이다. 하지만 예를 들어 반유대주의의 혐의를 받기도 하는 필립 로스는 자신은 유대인이 아닌 미국인으로서 글을 썼다고 몇 번이나 주장했다. 그의 소설 속에 녹아 있는 이디시 기원의 특색은 보편적인 게 아니라 사라져 가는 세대의 마지막 모히칸으로 보는 것이 옳다.

이 작가들 중 누구도 모든, 또는 대다수의 유대 후손들이 공통으로 영위할 수 있는 세속 문화를 만들어 내지 않았다. 풋내기 인류학자라도 문화와 감성이란 그저 선조들의 유산에서만 유래하지 않는다는 것을 안다. 그것은 기억에 남겨진 기호와 흔적 속에만 존재하는 것이 아니며, 공유된 경험, 소통의 방식, 그리고 삶과 현실의 상호 작용과 모순 위에 형성된다. 전 세계 유대 출신의 세속적 개인들을 한데 묶어 줄 수 있는 일상의 특정한 형태가 없다는 것을 알고 나면, 당대의 비종교적 유대 문화가 존재한다고도 말할 수 없으며 앞으로 올 공통의 미래가 존재한다고도 단언할 수 없다. 오로지 스러져 가는 종교적 전통에 남겨진 흔적 외에는 존재하지 않는 것이다.

다시 말하지만 분명 유대계의 많은 세속적 사람들이 온전히 무신론자이면서도, 여전히 오랜 역사를 가진 유대 문화 관행을 따라 축제나 의식을 벌인다. 어떤 사람들은 아이들에게 겨울의 빛의 축제 때 하누카 촛불(하누카는 유대인들이 시리아의 지배에 대항하여 예루살렘 성전을 되찾은 것을 기념하는 유대교의 명절이다. 8일간 이어지는 이 명절 동안 아홉 개의 가지를 가진 촛대 하누키아에 불을 밝히는 의식을 거행하기 때문에 하누카를 빛의 축제라고도 부른다_옮긴이)을 켜도록 가르친다. 또 어떤 사람들은 봄의 유월절(출애굽을 기념하는 날_옮긴이)에 참여하라고, 심지어는 가을의 욤 키푸르, 즉 속죄일(유대력은 '회개의 10일'로 한 해를 시작하며 10일째 되는 날이 속죄일로 이날에는 단식하면서 그간 지은 죄를 회개한다_옮긴이)에 시나고그에 가라고 가르친다. 하지만 그렇다고 해서 예수의 탄생일을 기리며 거실에 소나무를 세워 두고 그 아래 아이들에게 줄 선물을 늘어놓는 세속적 프랑스인이나 독일인을 기독교인으로 규정할 것인가? 그리고 유대교 태생의 불가지론자 미국인들이 크리스마스트리에 여덟 개의 가지가 있는 촛대를 내건다면, 그들은 유대-기독교인이란 말인가? 예를 들자면 19세기 말 정치적 시오니즘의 창시자인 테오도어 헤르츨Theodor Herzl은 아들을 할례시키지도 않았고, 크리스마스트리를 세워 놓고 하누카를 기념했다. 그런 행동들을 봤을 때 그를 기독교인이라고 부를 것인가, 유대인이라고 부를 것인가? 아마 그는 '약간' 기독교인이었다가 어떤 적대적인 환경의 영향 탓에 자신의 정체성을 바꾸어 '신유대인'이 되었을 수도 있다.

비신자들은 시나고그나 교회 또는 모스크는 일종의 박물관으로 보지만, 축제나 기념식이나 행사들은 문화적 기호로서 받아들이고 쉽게 그 의미를 버릴 수는 없다고 여긴다. 축제 등은 똑같이 반복되는 일상에 균열을 내고, 흔들리거나 깨지려는 가족들과의 시간으로 우리를 되돌려 놓는다. 그리고 떠나간 소중한 이들에 대한 그리운 기억들을 불러온다. 하지만 어떤 문화도 향수나 종교적 기원을 가진 의례적 기념식으로 축소될 수는 없다. 그것들이 복잡한 자기 규정의 체계 속에서 이탈이라는 유의미한 순간을 만들어 내는 것은 사실이지만, 사람들 사이에 벽을 세우는 데 일조할 위험도 있기 때문이다. 종교적 전통이라는 명목하에 젊은이들이 서로 만나고 사랑할 수 없게 된다면, 또 믿음에 대한 존중과 신앙 혹은 친지들에 대한 두려움 때문에 사람들이 자신들과 다르다고 간주하는 사람들을 부정하고 평가절하하게 된다면, 그러면 그들은 평생 그 이탈의 순간에 갇혀 버리는 것이다. 이 이탈의 순간들은 시간이 지남에 따라 더욱 공고해지며, 곧이어 왜곡되고 심지어 위협적인 존재가 된다. 종교 공동체적인 원칙을 내세워 정체성을 구분 짓는 민족 사회들은 자유주의적이라고도, 민주주의적이라고도 할 수 없다.

결과적으로, 세속적 유대인이라는 내 정체성의 기반에, 죽은 과거가 아닌 다른 어떤 것이 있느냐는 골치 아픈 질문 때문에 나는 점점 더 짜증이 났다. 미래를 만들고 미래를 지향하며 살 수밖에 없는 현재의 관점에서 보면, 분명 아무런 답을 찾을 수가 없다. 이 과거는 무엇이며, 그것의 역사는 무엇이란 말인가? 이 질문들을 둘러싸고 있는 지정학적인 층들이 자신을 유대인 이라고 규정하는 사람들의 정체성 발달을 이해하는 데 중요한 역할을 한다. 이제 나는 이 유대적이고 시오니스트적인 과거 소급적 구성체에 불안정하고 파편적인 빛을 비춰 보려고 한다.

4장

고통과 인내

Pain and Duration

1975년, 나는 역사학을 공부하려고 프랑스에 왔다. 1948년 이후 줄곧 이스라엘에서 살아왔던 아버지가 몬트리올에 있는 삼촌을 만나기 위해 그 해 처음으로 이스라엘을 벗어났다. 아버지는 나를 보러 파리에 들렀다. 난 '빛의 도시'에서 아버지의 안내자 역할을 할 수 있다는 게 자랑스러웠다. 운 좋게도 해가 나서 날씨는 따뜻했고, 저녁노을이 질 때는 파리의 기념물과 지붕들이 밝게 물들어 갔던 걸로 기억한다.

함께 돌아다니는 동안, 아버지는 길거리에서 유대인을 알아볼 수 있다고 말했다. 난 물었다. "이스라엘에 유대인이 너무 많다고 항상 불평하셨잖아요. 유대인들이나 더 찾아보려고 파리에 오신 건 당연히 아니겠죠! 게다가 그 사람이 실제로 유대인이라는 걸 어떻게 증명하시겠어요?"

얼마 지나지 않아 버스 정류장에서 줄을 서 있을 때였다. 어떤 키 큰 남자가 우리 옆에 섰다. 회색 머리카락에 눈이 파란, 내게는 그저 다른 노인들과 비슷해 보이는 사람이었다. 아버지는 내 귀에 대고 그가 사실은 유대인이라면서, 그걸 증명할 테니 이디시어로 이야기하자고 속삭였다. 그가 대화에 끼어들 거라고 생각했던 것이다. 두 이스라엘인, 아니 두 명의 '전형적인' 지중해인인 우리가 큰 소리를 내는 건 어렵지 않았다. 그 유대인 '목표물'은 눈치도 채지 못했고 우리를 쳐다보지도 않았다.

버스를 타고 가면서 아버지는 지나가는 모든 광장과 길목과 기념물에 대해 물어보았다. 그리고 아마도 방돔 광장이었던 듯한 어느 지점에 왔을 때, 아버지는 광장의 한가운데 서 있는 기둥의 이름을 내게 물어보았다. 나는 파리를 꽤 잘 알긴 했지만, 그 대답은 하지 못했다. 갑자기, 우리 앞에 앉아 있었던, 아버지가 유대인이라고 했던 그 남자가 돌아보더니 이디시어로 그 기둥의 기원에 대해 설명하기 시작했다. 우리는 그가 루마니아에서 왔으며, 2차 대전이 일어나기 전에 프랑스에 왔다는 것을 알게 되었다. 그는 엔지니어이며 몽마르트에 살고 있었다.

나는 소스라치게 놀라 입조차 떼지 못했다. 버스에서 내리자마자 아버지에게 어떻게 그 사람을 알아보았는지 물었다. "눈 때문이지." 아버지의 대답이었다. 난 이해할 수 없었다. "하지만 그 사람 눈은 파란색이었는데요!" "모양이나 색을 말하는 게 아니라, 그 표정을 말하는 거다." "무슨 표정이요?" "무상하면서도 슬픈 표정, 두려움과 깊은 불안의 표식이지." 아버지의 설명이었다. "그런 식으로 폴란드에서 독일 군인들이 유대인을 찾아내기도 했단다. 하지만 걱정 말거라, 이스라엘 젊은이들은 더는 그렇지 않단다."

그 말을 듣고 난 아버지의 표정을 전에 없이 아주 자세히 살펴보았다. 그리고 그 계속되었던 주변인으로서의 상황이 사람의 정신에 미쳤을 법한 영향을 처음으로 인지한 듯한 기분이 들었다. 난 이스라엘인들 특유의 급한 성격을 가졌고, 이전에는 이런 미묘한 부분에 관한 관심 따윈 없었다는 것은 두말할 필요가 없다.

고난의 역사, 박해의 역사, 적대적이고 지배적인 종교 문명의 한가운데서 소수 집단으로서 저항한 역사. 그 눈빛에 담긴 그런 이야기는 이 짧은 글에 담기에 너무나도 길다. 하지만 또다시 유대인 희생자화 이야기를 꺼내어 고임(비유대인_옮긴이)에게 죄책감을 불러일으키고 동정이라는 도덕적 자본을 쌓으려 하는 게 아니냐는 결론이 나기 전에, 몇 가지 작고도 불편한 이야기를 덧붙여야겠다.

나는 항상 지나간 고난을 탄식하는 데 빠져서 허우적거리는 일을 피해 왔고 과거의 불행을 보상받겠다는 것은 꿈도 꾸지 않았다. 난 여기에, 그리고 지금 넘쳐나는 불의를 찾아서 뿌리를 뽑거나 최소한 줄이기라도 하기 위해 애쓰는 사람들에 속한다. 박해받고 희생당했던 과거는, 오늘날 박해받는 사람들과 내일 희생자가 될 사람들에게 우선순위에서 밀려 있다고 생각한다. 또한, 난 역사 속에서 사냥꾼과 사냥감, 강한 자와 약한 자의 역할이 매우 자주 뒤섞이며, 그러한 하나의 장으로서 역사가 어떻게 기능하는지를 알고 있다.

역사학자이자 역사 교수로서 나는 유대인들이 모든 곳에서 항상 박해를 받았던 것은 아니라는 점, 박해가 있었던 곳에서도 그 정도와 빈도가 같지 않았던 사실을 알고 있다. 페르시아와 헬레니즘 시대에 바빌론에 있었던 유대인들, 위대한 개종 왕국의 유대인들, 무슬림 안달루시아와 다른 사회들 속에서의 유대인의 생활상은 역사 내내 서로 달랐다. 그래서 그들의 공통된 운명에 대해서 말한다는 것은 불가능하다. 게다가 유대인들이 통치했던 기원전 2세기의 하스모네 왕국이나 5세기 아라비아 반도의 힘야라 왕국에서, 유대인들은 자신들이 그 이후 다른 곳에서 겪게 된 것과 정확히 비슷한 방식으로 다른 종족들을 대했다. 하지만 중세 유럽에서, 특히 현대가 시작되는 문턱에 대륙의 동쪽에서 수백만 명의 유대인들이 이방인으로 살아갔던 것은 분명하다. 이들이 잊히거나 상대화되어서는 안 되는 뿌리 깊고 오래된 불안 속에서 살며 소외당했던 일은 부정할 수 없다.

이 모든 것을 이해하기 위해서는 시간의 터널을 지나 희미한 안개에 가려진 먼 옛날로 거슬러 올라가야 하지만, 파악하기가 쉽지는 않다. 원래, 아직 유대적이라고 정의하기 어려우며 야훼교Yahwistic라고 부르는 편이 더 정확한 일신교 신앙이 있었다. 이 종교는 기원전 5세기, 예루살렘의 정치적인 성직 엘리트들이 바빌론에 의해 추방당한 얼마 후부터 형태를 갖추기 시작했다. 성경에 있는 경이로운 이야기들 대부분은 이 전례가 없는 분열 상황과 페르시아의 조로아스터교가 만나면서 만들어졌다. 기원전 2세기, 충분히 확신에 가득 찼던 이 신생 종교는 세력을 일으켜 첫 번째 일신교 신정주의 왕국인 유다 왕국을 세웠으며 왕국 안팎의 민중들을 강제로 개종시켰다.

이 혁명적인 새 종교는 헬레니즘 문화 네트워크를 따라서, 그이후에는 지중해 주변 로마의 통신로를 따라 폭발적으로 퍼져나갔다. 1세기 후반과 2세기 초반, 이교도에 대항하여 일어난 세 번의 항쟁이 패배한 후, 유다 왕국은 랍비 유대교와 바울 기독교라는 두 개의 주요 흐름으로 쪼개졌다. 이후, 이들의 격차는 점점 커져만 갔다. 덜 강력한 랍비 유대교는 미쉬나와 탈무드를 세상에 가져왔다. 상대적으로 더 강력하고 효율적인 바울의 기독교는 신약을 낳았다. 기독교는 쉽게 승리했고 패배한 경쟁자를 길고 고통스러운 역사적 상황에 놓이게 했다.

구약 일부가 증명하듯이 유대교의 교리는 그 기원부터 배타적인 원칙들을 가지고 있다. 하지만 통념과는 달리 유대교의 자기 폐쇄성이 유대교적 교리의 결과로 만들어진 것은 아니다. 분명 초기의 야훼 일신교는 불안정했으며 자기 확신도 없었으나 세력이 커지면서 힘을 얻었다. 이 야훼 일신교가 변형되며 나타난 유대교의 주창자들은 공격적이고 효율적인 개종에 착수했다. 전 세계의 유대 공동체들 대부분이 이 때문에 생겨난 듯하다. 이 종교의 분파적 기반이 재형성될 수 있었던 것은 단지 기독교와 이후 이슬람이 보낸 위협 때문이었다. 유대교의 자급자족적인 자기 폐쇄성은 무엇보다도 자기 존재에 대한 영구적인 위협에 맞서 살아남기 위한 시도에서 나온 것이다. 4세기 기독교의 승리와 함께 유대인들은 법과 권력에 의해 신앙의 문 뒤로 물러나야 했다. 이것이 지중해 지역 전체에 퍼져 갔던 거대한 유대화 물결의 종말이었다. 그 이후로 유대 선교 활동은 중세 기독교 문명의 가장자리에 한정되었다. 유대교는 둘째 형제라고 할 수 있는 이슬람의 도래로 두 번째 타격을 입었고, 그에 따라 다시 한번 다른 권력들의 선의와 기분에 의지해야 하는 상황에 부닥쳤다.

이 시점에서 오늘날 '유대-기독교'에 속해 있음을 자랑스러워하는 사람들이 좀 어색해할 만한 역사적 사실 하나를 언급할 필요가 있다. 이슬람의 그늘에 놓여 있던 유대 공동체들의 운명은 그들이 유럽에서 겪었던 어두운 운명과는 상당히 달랐다. 이슬람은 유대교를 열등한 종교로 간주했기에 박해가 있었던 것은 사실이다. 그러나 대체로 무슬림들은 기독교에 그랬던 것과 마찬가지로, 지배적인 종교인 이슬람에게 의지하고 있는 종교, 보호받아야 하는 고대의 성스러운 신앙이라는 이유로 유대교에 존경을 보냈다.

꾸란에서 유대인들은 '책의 사람들'(수라 9:5)이라고 불리는 반면, 이보다 일찍 신약에서는 유대인들에 대해 '사람들은 칼날에 쓰러질 것이며 포로가 되어 여러 나라에 잡혀갈 것이다.'(누가복음 21:24)라고 언급했다. 복음의 설명을 따르자면, 일반적으로 기독교 세계에서 유대인들은 예루살렘 밖으로 강제 추방당한, 예수 살해자의 자손으로 여겨졌다. 기독교가 존재했던 대부분의 시기 동안, 기독교의 현세적이고 영적인 자손들 상당수에게 유대교는 기독교의 적법한 경쟁 종교로 여겨지지 않았다. 진정한 이스라엘('이스라엘 국가'와 대비되는)은 오직 하나뿐이다. 둘도 아니고 당연히 셋일 수도 없다. 기독교는 다른 일신교인 유대교나 이슬람이 기독교와 함께 존재할 수 있다는 가능성을 원칙적으로 배제했다. 중세 말 유럽에는 단 하나의 무슬림 공동체도 남아 있지 않게 되었으나, 이슬람 땅에서는 기독교 공동체들이 계속 존재할 수 있었다.

기독교로서는, 유대인들이 계속해서 멋대로 기독교가 아닌 다른 종교에 신실한 것, 영광이 메시아의 형태로 이 땅에 이미 내려왔음을 인정하지 않는다는 것을 이해할 수도 받아들일 수도 없었다. 그래서 기독교적 상상 속에서 유대인들은 그들의 죄로 말미암아 예루살렘에서 쫓겨난 이스가리옷 유다의 후예들로 남았고, 순수하고 순결한 기독교 신앙에 대한 위협으로 계속해서 여겨졌다. 교회는 이교도들에게 때로 그랬던 것과는 달리 유대인들을 전멸시킬 계획이 없었다. 대신 교회는 진정한 신앙이 선택한 바른길의 증거로 비참한 유대인을 보존하는 쪽을 택했다. 하지만 기독교의 시작에서부터 현대에 들어서는 문턱에 이르는 동안, 편견과 주기적인 공격, 집단 추방, 범죄적 의례에 대한 비난, 그리고 주기적으로 일어나는 포그롬(경찰이나 그 앞잡이들의 선동이 원인이 되어 발생한 조직적 약탈과 학살로, 그 희생자들은 피억압 소수 민족과 혁명적 노동자 그리고 특히 유대인이었다_옮긴이)은 '유대-기독교적'인 문명의 필수 요소가 되었다.

이런 타자에 대한 장기간의 종교적인 증오는 19세기에 현대적인 유대 혐오가 등장하는 개념적인 기반을 만들었다. 이런 배경의 연장선이 아니었다면, 새로 등장한 이 민족주의적이며 인종 차별적인 증오가 그렇게 급물살을 타며 널리 퍼지지는 않았을 것이다. 게다가 당시까지만 해도 원칙적으로 유대인들은 자신을 '개선할' 수 있었으며, 많은 노력과 선의를 들여 기독교로 개종함으로써 '변상할' 수 있었다. 그 모든 장애물에도 불구하고 말이다. 그러나 지금은 자신의 전통적 신앙을 거부하고 얻는 그 구제의 길이 막혀 있다. 유대인들은 진정한 앵글로-색슨

이나 자랑스러운 갈로-가톨릭이나, 진짜 게르만-아리안이나 확실한 토착 슬라브인이 될 수 없다.

기독교 권력에 의해 그렇게 오랫동안 강제된 바로 그 진짜 게토로부터, 또한 유대 문화 관습들이 만들어 놓은 이념적이고 정신적인 게토로부터 유대인들은 자신을 집단적으로 해방하고 유럽의 민족 문화 형성에 능동적으로 참여하기 시작했다. 그리고 그와 동시에 그들을 거부하는 공격적인 인종 차별이 생겨났다. 도시 공동체에서 산다는 상당히 공통적인 상황 때문에 유대인들과 그 후손들(유대교 신앙을 가졌든, 완전히 세속적이든)은 앞서 나온 프랑스인, 독일인, 네덜란드인, 혹은 영국인들과 마찬가지로 문화적이고 언어적인 용어로 나타났다. 그리고 그 때문에 근대 민족주의는 유대인들을 새로운 민족 국가들의 동맹 안에서 은밀히 자라면서 언제라도 그 안에 갈고리를 걸 수도 있는 기생충으로 끊임없이 등장시켰다.

민족주의 건설이라는 대 과정에서 분명 프랑스는 독일이라는 적을, 독일은 슬라브라는 적을, 폴란드는 정교회라는 적을 필요로 했고 다른 곳도 마찬가지였다. 하지만 유대인들은 오랫동안 적이라는 역할을 담당해 왔고, 그래서 기독교적 기반 위에 세워진 종족 중심적인 민족 국가의 결정화結晶化에 매우 효과적이며 대체 불가능하게 돋보이는 역할로 남았다.

허구적인 공통의 민족적 기원을 발명하기 위해서는 언어적이든 종교적인 것이든 관계없이 통일을 위한 가능한 한 모든 문화적 촉발제가 필요했다. 분명 지역적인 차이는 있었지만, 유대인성은 기독교인성의 반테제로서 효과적으로 이 기능을 수행했다. 유대 혐오는 런던에서보다는 파리에서, 파리에서보다는 베를린에서, 베를린보다는 비엔나에서, 서유럽보다는 부다페스트와 바르샤바, 키예프, 민스크에서 더 기승을 부렸다. 거의 모든 곳에서, 새로 등장하는 민족주의는 기존의 기독교적 전통에서 신을 죽인 유대교라는 개념을 가져왔으며 이를 이질적 타자의 형태로 접목했다. 이는 새로운 민족 국가의 경계를 표시하는 좋은 방법이었다. 물론 이 민족 국가들의 주창자들이 모두 유대 혐오자였던 것은 아니다. 하지만 모든 정치적 반유대주의는 민족 국가 형성의 열광적인 예언자 역할로 그 모습을 드러냈다.

앞서 말했듯이 한 세기 동안의 길었던 유대 혐오는 1850년부터 1950년까지 진행됐다. 1850년에 처음 발표된 리하르트 바그너의 유명한 기사인 '음악에서의 유대주의'가 그 상징적인 공식 탄생일이 될 수 있을 것이다. 유대 혐오는 1959년에 교황 요한 23세가 유대인들을 이교도이자 배신자로 묘사하는 것을 억제하면서 그 마침표를 찍는다. 현대에 와서 유대 증오가 재발하고 나치 괴물이 등장하면서 전광석화처럼 그 정점을 찍었던 배경에는 19세기 말 동유럽에서 흘러나온 거대한 유대인 이주의 물결이 있었다. 오늘날 아랍과 무슬림들을 향한 적대감은 유럽이 노력해서 어렵게 세운 '백인' 그리고 '유대-기독교적' 정체성을 특징짓고 구체화하며, 명확하게 만든다. 이와 마찬가지로 당시의 이디시 인구의 이주는 종족 중심 민족 국가 자각의 결정화에 영향을 미쳤다. 이 이주민들은 유대인들이 서유럽 또는 이슬람 세계 어디에서 겪었던 것보다도 더 큰 역경 속에 놓여 있다가 왔다.

5장

이주와 유대 혐오

열정적인 철학자 조르주 소렐Georges Sorel에 관한 박사 논문을 끝내고 몇 년 후, 내 연구의 관심은 그의 지인 중 한 명에게 향했다. 세기의 전환기에 가장 별난 지식인 중 한 명으로 여겨질 만한 베르나르 라자르Bernard Lazare이다. 그는 자신이 속해 있던 사회적 환경과는 반대로 드물게 용기 있었으며, 알프레드 드레퓌스의 무죄를 주장하기 위해 나선 첫 번째 사람이었다. 그가 벌인 싸움과 순응하지 않는 그의 영혼은 그를 자랑스러운 유대인으로 회자되게 했다. 이런 식의 자기 규정은 결코 그 당시 서

유럽과 중앙 유럽에 살던 '이스라엘라이트Israelite'의 사회적 분위기에서 쉽게 받아들여지는 것이 아니었고, 일반적인 것도 아니었다.[1]

라자르는 팔레스타인을 자신이 꿈꾸던 땅이라고 하지는 않았지만, 민족적 자기 결정권에 대한 유대인의 권리를 구상했기 때문에 그를 첫 번째 프랑스 시오니스트로 간주할 수 있다. 그러나 라자르는 시오니스트 운동을 곧 그만두었다. 오토만 술탄이 아르메니아인들을 탄압할 때, 테오도어 헤르츨과 그의 지지자들은 성지Holy Land를 재정적으로 식민화할 은행을 세울 좋은 기회로 보았고, 자신들의 계획을 진척시키기 위해서 오토만 술탄을 비난하기를 거부했기 때문이다. 하지만 라자르는 죽는 순간까지도 루마니아에서 억압당한 유대인 희생자들을 지지하는 싸움을 계속했고, 1903년에 사망하기까지 그가 가진 얼마 안 되는 힘과 자원을 더욱더 여기에 쏟아 부었다.

하지만 이 상징주의 시인이자 아나키스트 선전가인 라자르가 경력 초반인 1890년대에는 어느 정도 반유대주의자였다는

---

1 19세기에 서유럽과 중앙 유럽의 몇몇 유대 기관들과 환경에서는 오랜 기독교 전통 속에서 '유대인(Jew)'이라는 단어가 가졌던 부정적인 의미를 이유로 '이스라엘라이트'라는 용어를 선호하게 되었다.

사실은 잘 알려지지 않았다. 그가 공격했던 대상이 모든 유대인이 아니라 오직 '동쪽의' 유대인들이었다는 점을 고려해, 부분적으로만 반유대주의자라고 할지라도 말이다. 그는 예리한 글들을 통해, 차르 제국에서 계속해서 넘어오고 있는 상당수의 그 더럽고 추한 훈족 출신의 유대인 아류들과 자신이 속해 있는 우아하고 세련된 포르투갈과 스페인의 이스라엘인들(세파르디)을 동등하게 보아서는 안 된다고 주장했다. 시대의 유행을 따라서 라자르는 이 후자가 중앙 유럽의 유대인과는 완전히 다른 태생을 가진 별개의 혈족이라고 믿고 있었다. 마찬가지로 그는 어떤 대가를 치르더라도 이웃 나라들에서 프랑스로 넘어오는 이주자들을 막아야 한다고 보았다.

급진적이라는 프랑스 지식인들의 일부가 가진 이런 시각은 결코 예외적인 것이 아니었다. 사실 이는 이주민들이 서유럽의 '토착' 문화에 가하는 위협에 대해 이른바 갈로-가톨릭, 앵글로-색슨, 아리안 독일 등등이 어느 정도는 가지고 있던 시각이었다. 파리, 런던, 베를린의 문명화된 이스라엘라이트 공동체들의 생각 역시 다르지 않았다.

19세기 말에 전 세계 유대인들과 그들의 세속적인 후손의 약 80퍼센트, 즉 7백만이 넘는 사람들이 러시아 제국과 오스트리아-헝가리 갈리시아 그리고 루마니아에 살고 있었다(게다가 무시할 수 없는 비중의 독일 유대인들이 동유럽에서 몰려 왔다). 이 놀라운 인구 통계적 현상은, 유대인들이 교활하게 다른 이들을 희생시키고 식량을 가져다가 쌓아 두었다는 추정으로는 설명할 수 없다. 당시 반유대주의자들 역시 믿었던 것처럼 유대 남성들이 지칠 줄 모르는 성욕을 가졌다는 것에서도, 때로 시오니스트 역사가들이 하는 별난 주장처럼 유대인들이 식사 전에 손을 씻는다는 사실에서도 그 설명을 찾아서는 안 된다. 서부 유럽의 유대인들도 식사 전에 손을 씻지만, 그들 사이에서는 아무런 인구 통계적 폭발도 일어나지 않았고, 최소한 동유럽의 유대인들에 비해 비교적 번창하며 살고 있었다. 북부 아프리카와 중동부 아프리카에서도 마찬가지 현상이 나타났는데, 여기서는 유대인들이 일반적으로 무슬림 이웃들로부터 위협의 압박을 덜 받고 있었다.

1960년대까지, 시오니스트이든 아니든 대부분의 유대교 역사가들은 인구 통계적 증가에 대한 한 가설을 받아들였다. 러시아 남부와 우크라이나 동부, 그리고 코카서스의 스텝 지역에 있었던 중세 유대 카자르 왕국의 존재가, 아마도 현대 유대 역사에서 가장 큰 인구 통계적 증가의 원인이 될 수 있다는 것이다. 이 왕국은 10세기에서 12세기 사이에 약해지다가 결국 무너졌다. 유대인들은 서쪽을 향해, 현재의 우크라이나 서부, 리투아니아, 폴란드, 벨라루스, 갈리시아, 헝가리, 그리고 루마니아인 지역으로 이주하게 되었다. (18세기 중반 유럽 인구가 급증하기 시작한 직전에 서부 유럽에는 15만 명의 유대인들이 있던 반면 폴란드 왕국과 리투아니아에만 75만 명의 유대인들이 있었다.)

전 세계의 다른 유대 공동체들과 달리, 동부 유럽의 유대 인구는 자신이 사는 지역의 비유대인 이웃들과는 전혀 다른 생활 방식과 문화를 보존해 왔다. 프랑스, 이탈리아, 서부 독일, 이베리아 반도, 북아프리카, 그리고 비옥한 초승달 지대를 아우르는 북부 지방에서는, 유대인들은 개종한 토착민들이건 이주자들이건 상관없이 주변 이웃들과 일상생활 방식을 공유했다. 동유럽은 이와는 아주 다른 사회 문화적 발달을 보이긴 했지만, 정착촌은 두 지역 모두에서 거의 항상 존재해 왔다.

동유럽의 유대인들은 수 세기 동안 분리된 구역이나 별개의 지역에서 다수 집단 혹은 최소한 큰 소수 집단을 형성하며 무리 지어 있었다. 쉬테틀shtetl(동유럽의 유대인 정착촌_옮긴이)의 반은 시골 지역에 반은 도시에 있었으며 광대한 이디시 인구의 주된 요람을 형성했다. 도시화가 진행되는 와중에도 그들은 전 세계 다른 지역의 유대인들과 똑같은 종교 관습을 행하며 자신들의 문화적 특징을 잘 보존했다. 이는 '세속적인' 일상에서도 마찬가지였다. 그들은 코셔 음식(유대교 의례에 따른 음식_옮긴이)을 먹었으며, 비유대인 이웃들과는 다른 요리 방식을 발달시켰다. 그들은 키파를 썼을 뿐만 아니라 털모자도 썼고, 주변의 많은 다른 농부들과는 구별되는 형식의 옷을 입었다. 그들은 주변 사람들이 쓰는 언어를 거의 사용하지 않았고, 대신에 일할 때나 중계자 역할을 할 때면 상거래에서 널리 쓰이던 독일 방언에 의지하는 편을 선호했다. 또한, 교육받은 독일어 사용자 랍비들의 유입은 특정한 이디시어 표현들을 형성하는 영향을 미쳤다. 동부 지역의 이디시어는 슬라브 억양이 강하고 서부 지역의 이디시어는 독일 억양이 강한 것이 그렇다.

또한, 유연하고 비교적 상징적인 종교 관행을 받아들인 서유럽과 이슬람 세계의 소규모 유대 공동체와는 달리, 동유럽의 이디시어 사용자들은 자신들을 비유대인 이웃들이나 환경과 확실히 구분시키는 엄격한 예배 방식을 고수했다. 많은 면에서 이러한 형태의 종교 근본주의는 가장 엄격한 기독교 정교회의 풍조와 닮아있다. [그리고 이 지역들의 하시딕 신비주의(18세기 폴란드의 랍비 바알 솀 토브가 보급한 것으로 초기 유대교 신비주의인 카발라를 평신도들에게도 부흥시키고자 했다_옮긴이)와 기독교 대중 신비주의 사이의 특정한 유사점 또한 주목할 만하다.] 하지만 현대화와 세속화가 시작되면서, 이 완고한 명령의 세계는 유대 가족들의 세속화된 상당수 후손에게 명백한 반감을 불러일으켰다. 지나치게 폐쇄적인 종교 전통 때문이었다. 그래서 유대인의 많은 아들딸이 무신론 사회주의자가 되었다(사회주의 혁명가들, 멘셰비키, 볼셰비키, 분트주의자, 아나키스트 등등). 이에 대한 종교적 권위의 대응 역시 비슷하게 적대적이어서 이런 배교자들과의 모든 관계를 거부했다.

맞수인 오스트리아-헝가리와 마찬가지로, 러시아 제국은 너무 거대했고 시대의 흐름에 뒤처져 있었다. 따라서 서유럽의 주요 국가들이 했던 모델을 따라, 통합된 민족 정체성을 만들기 위한 국가적 도약판을 제공할 수 없었다. 이 통합된 민족 정체성은 시민적 기반 위에서 사람들을 한데 묶기 위해 반드시 필요했다. 차르의 손아귀에서 범슬라브 민족주의는 무엇보다도 억압을 조작하는 도구로 쓰였다. 그래서 범슬라브주의 내부와 그에 대항하는 쪽 모두에서 여러 언어와 종교로 말미암은 지역적이며 분열된 민족 요소들이 등장하게 되었다. 폴란드인, 우크라이나인, 리투아니아인, 라트비아인 등은 모두 이런 식으로 생겨났다. 서로 다른 언어를 쓰는 인구가 섞여서 사는 거의 모든 지역에서 과도하고 위험한 분쟁이 발생했다. 하지만 종족 중심적인 민족주의 경향을 지닌 현대의 불관용을 극대화한 것은 이디시 인구의 존재였다. 1880년대 차르에 의한 포그롬의 시작, 그리고 무엇보다도 러시아 제국 내 유대인 정착지the Pale of Settlement의 견딜 수 없는 생활 조건은 유대 공동체들을 밖으로 내몰았다. 이주민들이 비엔나, 베를린, 런던, 뉴욕, 그리고 부에노스아이레스로 쏟아져 들어가기 시작했다.

이 이주의 규모에 대한 추정치는 제각각이다. 하지만 1880년대에서 제2차 세계 대전 사이에 최소한 3백만 명의 사람들이 터전을 잃고 길 위로 내몰렸다. 이 거대한 인파는 빠르게 서쪽으로 이동했고, 앞서 살펴본 바와 같이 비유대인 대중들뿐만 아니라 유럽 유대 기관들 일부에게도 똑같은 적대감과 공포를 불러일으켰다. 이 해체된 이주민들은 이상한 옷을 입고 특이한 관습에 특이한 말을 쓰면서 중앙 유럽과 서유럽의 수도에 모여들었고, 다른 많은 이들은 북미와 남미로 흘러들어 갔다.

하지만 유럽 사회 전반에 관한 진지한 연구에서, 유대 혐오가 일어났다는 사실과 유대 혐오와 이주의 물결 간에, 어떤 관계가 있는지는 거의 언급되지 않았다. 이 길고 고통스러운 경험이 나치 대학살로 이어진 이유를 설명하기 위한 연구가 단지 유럽에 널리 퍼져 있었던 종족 중심주의적 유대 혐오에 대한 해석, 독일 민족주의의 특정한 성격에 대한 분석, 나치 국가 기관들의 결정화와 그 특징에 대한 이해, 1차 세계 대전의 체제적인 폭력이 2차 세계 대전의 산업화된 범죄를 가능하게 만든 경로에 대한 더 깊이 있는 해석에 국한되는 것은 부족한 측면이 있다. 이 연구는 격변의 대이주 기간에 민감함과 적대감이 임계치를 넘어섰던 것을 철저히 분석하는 내용을 포함해야 한다.

19세기 말 근대화 과정이 시작되면서 이디시인들은 형태를 갖추며 통합되어 가고 있었다. 포그롬과 추방은 이들이 대면했던 첫 번째 타격이었다. 두 번째 타격은 볼셰비키 혁명에서 나타났으며, 그 혁명은 유대라는 특정 문화의 다양한 표현들을 행정적인 수단을 통해 억압하려 했다. 세 번째이며 윤리적인 타격은 나치가 일으켰으며, 이들은 유럽에 남은 유대인 중 다수를 물리적으로 절멸시켰다. 그리고 시오니스트가 이디시 언어와 문화적 관습을 쓸어버리면서 네 번째 타격이 가해졌다. 물론 이와 같은 나열이 사건들의 동기와 결과 그리고 당연히 그 도덕성의 여부가 모두 같다는 것을 전제하지는 않는다.

6장

하나의 오리엔트에서
또 다른 오리엔트로

From One Oriental to Another

1971년 난 텔아비브 대학에 들어갔고, 내 미흡한 영어 실력 때문에 개선 과정을 들어야만 했다. 그리고 첫 강의에서 낙제할지도 모른다는 두려움 때문에 여전히 괴로워하고 있을 때였다. 영어 교수가 학생들에게 히브리어를 제외하고 할 수 있는 언어가 있다면 이를 모두 종이 위에 적으라고 했다. 두 번째 강의에서 교수가 물었다. "슐로모 산드가 누구죠?" 난 고등학교에서 쫓겨나기 전에 겪었던 그 악몽 같은 순간을 다시 겪게 될 것이 두려워 불안해하며 손을 들었다. 하지만 이번엔 달랐다. "산드 씨가 이디시어를 언급한 유일한 학생이군요." 교수가 말했다. "이 반에 이디시어를 하는 사람이 또 있나요?" 아홉 명이 손을 들었다. 분명 1970년대 초에는 많은 사람이 감히 비참한 '유배의 언어'를 사용하고 있다고 여전히 시인하지 못하고 있었다. 나도 이디시어를 내 제2국어라고 쓰기 전에 약간 부끄러워서 망설였던 것이 사실이다.

아니, 사실 제2국어도 아니었다. 이디시어는 실제로 내 모어였다. 처음 내 입에서 말을 뱉게 된 이후부터 부모님과 쓰는 말은 이디시어였다. 부모님과 부모님의 지인들이 돌아가시고 나서는 더는 이디시어로 이야기할 사람이 없었다. 내 어린 시절의 이 언어는 무의식으로 들어갔거나 전부 희미해지기 시작했다. 난 파리에 있으면서 과거 분트주의자들이나 공산주의자였던 사람들과 알고 지냈고—1998년에 뉴욕에 처음 갈 때까지도 그들을 계속 만났다—사라져 가고 있던 이디시어 사용자들과 널리 알게 되었다. 그때가 내 생애에서 동부 유럽에서 온 옛 이주자들의 언어를 쓸 수 있던 마지막 시기였다. 이스라엘에서는 그들 대부분이 공공장소에서 이디시어를 쓸 수 없었던 것이다 (내가 다닌 적이 없는 하시딕 학교 빼고는).

미국에서의 첫 체류 이후에야 왜 미국인들이 이디시 정체성을 일반적인 가상의 유대 정체성과 동일시하거나 헷갈리는지도 알게 되었다. 미국인들은 거대하지만 제한된 지역에 사는 많은 사람 사이에서 번창한 대중문화와 모든 대륙에 걸쳐 다양한 형태로 퍼져 있는 종교 문화를 구분하지 못한다. 예를 들어 '유대 농담'이라고 불리는 것은 사실은 이디시-슬라브 유머이고(로맹 가리의 표현을 사용하자면), 이것은 뉴욕식의 농담과 우디 앨런의 영화들에 연료를 제공해 오고 있다. 이 농담은 특히 니콜라이 고골Nikolai Gogol과 숄렘 알레이헴Sholem Aleichem에게 영감을 주었으나, 기준이 다른 코미디로 웃음을 이끌어 내는 로스차일드나 경이로운 유대-이라크 작가들은 그런 농담을 사용한 적이 없다. 현대 이스라엘의 유머 역시 그 형태가 완전히 다르다. 이스라엘 유머는 지리적 특성을 반영하여, 고차원의 문어체 전통보다는 일상의 방식들에서 직접 흘러나왔으며 광범위한 욕설과 모독적인 어휘를 포함하고 있는 문화적 표현이다.

풍부했던 이디시 문화는 이제 사라졌다. 이 동유럽 유대인의 언어를 수업으로 듣는 학생들이 있는 것은 사실이지만, 그들은 이 언어로 소통하거나 창작을 하지는 않는다. 언어학 연구와 이디시 문화와의 관계가 골동품 수집상의 감성을 달래줄지는 모르겠지만, 그들이 숄렘 알레이헴이나 아이작 바셰비스 싱어Isaac

Bashevis Singer와 같은 작가들이 남긴 문학 유산에서 만날 수 있는 인물이나 상황을 만들어 낼 수는 없을 것이다. (어쨌든, 이 이디시 문학의 거장들이 둘 다 중동이 아닌 북미에서 생을 마감한 일은 우연이 아니다.) 또 사라진 것은 현재 폴란드 지역인 러시아 제국에 있었던, 거대한 유대 사회 민주주의당인 분트의 섬세한 꿈이다. 시오니즘과 달리 분트는 생생한 민중 문화에 기반을 두었고 그래서 유사 민족적 계급 정체성을 만들기 위해 종교의 탈을 쓸 필요가 없었다.

2차 세계 대전이 시작될 무렵 이디시어의 여러 방언으로 말했던 사람들의 숫자는 천만 명 이상으로 추정된다. 21세기 초에 이들은 겨우 수십만 명으로 줄었고, 주로 엄격한 정통파인 '신을 두려워하는 자들God fearers', 즉 하레딤 사이에 남아 있다. 이디시 민중 문화는 지워지고 완전히 사라져서 소생할 희망이 없었다. 문화나 언어를 되살리는 것은 실제로 불가능하기 때문이다. 시오니즘이 고대 히브리어와 '성서의 사람들'이 가졌던 문화를 소생시킬 수도 있다는 가정의 저변에는 민족적 근거에 대한 신화적 추구만이 놓여 있을 뿐이다. 이러한 믿음은 이스라엘인들과 전 세계의 시오니스트들이 자라면서 배우는 것으로, 이들은 그것이 사실이라고 믿게 된다.

시오니즘 사상의 첫 이론가 중에 독일의 문화적 배경을 가지고 있는 사람들이 많았다면, 그 식민지 사업(시오니즘_옮긴이)의 창시자들은 동유럽의 이디시 문화에 젖어 있었을 것이다. 그들의 모어는 독일 이스라엘라이트들, 즉 아쉬케나지들이 모방한 '소수자의 혼합어'였다. 사실 그 이디시 식민주의자들은 멸시받는 자신들의 모어를 재빨리 버렸다. 그들에게 필요했던 첫 번째는 전 세계의 유대인들을 하나로 묶을 수 있는 언어였다. 테오도어 헤르츨도, 에드몬드 드 로스차일드Edmond de Rothschild도 이디시어로 소통하지는 못했다. 그래서 초기 시오니스트들은 러시아 제국의 유대인 정착지의 비참한 마을들뿐 아니라 자신들의 부모와 조상이 가졌던 민중 문화와도 결별한 신유대인들을 만들기로 했다.

시오니스트 언어학자들은 의사소통을 위한 새로운 언어 창조에 착수했다. 이는 일찍이 러시아 제국에서 성서의 글과 기도들을 현대 언어로 바꾸려 했던 시도에서 출발했다. 실제 새로운 언어의 주요 어휘는 성서에서 가지고 왔다. 하지만 그 형식은 아람어와 아시리아어였으며(즉, 히브리적이라기보다는 미쉬나에서 가져온), 구문은 대부분 이디시어와 슬라브적인 언어로, 결코 성서의 언어와 비슷하지 않았다. 이 언어는 오늘날 '히브리어'

로 잘못 불리고 있으나(나 역시도 어쩔 수 없이 그렇게 부르고 있으나 다른 용어를 써야 한다고 생각한다), 진보적인 언어학자들의 주장을 따라 '이스라엘어'로 부르는 것이 훨씬 더 적합할 것이다.

새로 만들어진 이 언어는 이스라엘 국가가 설립되기 전에 이미 발전 단계에 접어들었고 팔레스타인에 파고 들어간 시오니스트 공동체들이 사용하는 공식 언어로 빠르게 자리 잡았다. 초기 시오니스트 정착민들의 아이들은 이 언어로 말하고 쓰게 되었고, 이 아이들은 이후 초기 이스라엘 국가의 문화적, 군사적, 정치적 엘리트를 형성했다. 이 '사브라(이스라엘 태생의 유대인_옮긴이)'들은 확고하고 격렬하게 이디시 문화를 부정했는데, 이주 공동체의 지도자들이 강하게 부추긴 결과였다. 다비드 벤 구리온David Ben-Gurion은 그의 사회주의 정당 회기에서 이 동유럽 유대인의 언어를 사용하는 것을 금지했으며, 이와 관련해 전설처럼 내려오는 사례가 하나 있다. 1944년 히스타드루트(1920년 창립된 이스라엘 노총으로 이스라엘 노동당을 만들었다_옮긴이) 회의에서 빌뉴스 지역(현재 리투아니아의 수도_옮긴이) 빨치산들과 함께 싸웠던 한 전직 투사가 자신의 나라에서 있었던 유대인 학살에 관해 이야기할 때였다. 벤 구리온은 직접 그녀의 말을 막고 연단에 나와 '째지는 외국어'를 사용했다고 비난했다.

1925년에 세워진 예루살렘의 히브리 대학에는 이디시어로 된 강좌가 없었다. 이 파괴된 문화를 배우고자 했던 학생들은 1951년까지 기다려야 했다. 1949년 이스라엘 국가가 만들어진 직후, 학살에서 살아남은 대규모의 이디시어 사용자들이 이스라엘에 유입됐다. 그리고 이스라엘 시민이 이 이주자들의 언어를 공적으로 사용하는 것을 금지하는 법이 통과되었다(초청된 외국 예술가들만이 이 '유배의 언어'로 표현할 권리가 있었지만, 그것도 6주를 넘길 수 없었다). 1970년대, 새로운 자생 문화가 완전히 승리한 것을 확신한 후에야, 이 멸시받던 이디시어에 대한 태도가 완화되었다.

이디시어에 대한 이런 경멸과 악평이 있었다고 해서, 그것이 비단 동유럽이 아닌 다른 이민자 공동체들의 문화와 언어에 대한 선호 또는 더욱 유연한 태도를 의미하지는 않았다. 테오도어 헤르츨이 가진 유토피아적 전망 속에서 '유대 국가'의 주민은 그의 언어인 독일어를 써야 했다. 하지만 이전에 이디시어를 썼던 시오니스트 식민주의자들은 나치즘이 도래하고 미국 국경이 닫히던 무렵 독일에서 넘어온 난민들을 친절한 눈으로 바라보지 않았다. 그 난민들은 흔히 어떤 대가를 치르더라도 독일 문화를 성서의 땅에 들여오려고 하는, 독일 문화에 '동화된 유대인'들로 인식됐다. 사실 완전히 잘못된 혐의는 아니었지만 말이다. 아쉬케나짐(독일의 세련된 유대인들을 가리키는 옛 용어)들이 오스튜덴(턱수염을 길렀고, 머리부터 발끝까지 검은 전통 의상을 입었다_옮긴이)이라고 경멸적으로 불렸던 동유럽의 유대인을 바라보는 이 업신여기는 시각은, 시오니스트 사업(이스라엘 국가_옮긴이) 안에서 정반대의 상황에 맞닥뜨렸다. 바로 이 '오리엔탈' 유대인의 후손들이 지배적인 정치 엘리트가 되었으며, '예케스'(독일 유대인들)를 대놓고 무시하곤 했던 것이다.

고대의 유대인 성서 저자들이 '선택받은 민족'을 나타내기 위해 가나안 북부 왕국의 유명한 이름인 '이스라엘'을 가져다 썼듯이, 이전에 이디시어를 사용하던 사람들은 이제 그 유명한 지시어인 '아쉬케나지'를 갖게 된 것에 꽤 만족스러워했다. 이런 식으로 그들은 낙후된 듯 보이는 동부가 아닌 문명화된 독일에서 자신들의 역사적 기원을 찾길 바랐고, 독일로 거슬러 올라가는 신화를 만들어 냈다. 이제 신생 이스라엘 국가에서 열등한 오리엔탈의 역할은 다른 인구, 대개는 서부, 즉 마그레브 지역에서 새롭게 이주해 온 사람들에게 넘어갔다.

1948년 1차 중동 전쟁이 일어나고 시오니스트 정권이 세워진 이후, 아랍과 이슬람 국가들로부터 강제로 쫓겨난 가난한 이주자들이 이스라엘에 대거 들어왔다. 팔레스타인에서의 전쟁은 이 엑소더스의 즉각적인 촉발제였다. 아랍의 반식민주의적 민족주의는 종교적 공동체와 세속 국가를 구분하지 못했고, 그래서 자국의 유대인들에 대한 의심과 공포가 커졌으며 그 결과 이러한 추방과 유기를 일으켰던 것이다. 대부분이 비극적이고 고통스러운 이주였다. 마그레브 국가들에서 사회적 빈곤층에 있던 인구는 이스라엘로 유입됐고 반면에 중산층과 상류층 사람들은 유럽이나 북미로 이주했다.[1] 한편, 사회적으로 더 동일한 구성을 이루고 있었던 이라크 이주자 집단은 중산층과 다수 지식인일지라도 똑같은 차별을 당했고 많은 모욕을 겪었다.

19세기 후반과 20세기 초반의 첫 시오니스트 식민주의자들은 중동의 동포들에게 어떤 낭만적인 공감을 드러냈다. 그러나 곧 시오니스트 공동체는 아랍 문명과의 어떠한 결합도 피하려고 재빨리 철의 장벽을 세웠다. 이스라엘 국가와 토착 문화의 관계는 결국 식민 시대 중 유행했던 서구 오리엔탈리즘의 경향에 맞춰 형성되었다. 테오도어 헤르츨은 생전에 이미 미래의 유대 국가가 아시아에 대해 '야만주의에 맞선 문명의 전진 기지'

---

1 알제리의 유대인들은 프랑스 시민이었고, 1962년 알제리가 독립을 성취한 후 이스라엘로 이주해온 사람은 거의 없었다.

가 될 것으로 보았다. 이와 같은 이상주의적인 관점은 이 시오니스트 사업의 모든 지도자가 어느 정도 가지고 있던 것이었으며, 수백 년 동안 이 땅에서 살고 있던 토착 주민들과의 관계 속에서 맹목적이고 가혹하게 자리 잡고 있다. 잘 알려진 대로 수많은 팔레스타인인이 1948년의 전쟁 동안 터전을 빼앗기고 추방되었다. 이스라엘 국가가 설립된 후에도 남아 있던 팔레스타인인들은 17년간 군사 행정부 정권하에서 이 새로 생긴 사회의 이방인이었으며 하위 계층으로 여겨졌다.

아랍-유대 이주자들은 대부분 아랍어를 사용했고 일상적인 아랍 문화(어떤 경우에는 베르베르나 페르시아 문화)를 가지고 있었다. 이스라엘 당국과 기관들은 그들을 깊은 경멸과 명백한 의심의 눈초리로 바라보았으며, 그 정도도 다양했다. 한번은 다비드 벤 구리온이 이스라엘에 모로코 문화는 원치 않는다면서 불행히도 '모로코 유대인들은 모로코 아랍인들에게 너무 많은 것을 배웠다'는 말을 내뱉은 적이 있었다. 이 '오리엔트' 이주자들의 대부분은 이스라엘의 변두리에 정착했고, 1949년 점령된 약탈지의 극히 일부만을 받았다. 전 이디시어 사용자들인 동부 유럽 출신의 많은 유대인은 그들을 거의 유대인으로 생각하지도 않았다.

역설적이게도 이 아랍계 유대인들은 사실 신생 국가에 들어온 다른 어떤 이주 집단들보다 더 유대적이었다. 이디시 태생의 상당수 사람은 더 세속적이었다. 따라서 자신의 특정한 정체성을 확립하기 위해 어느 정도 의식적으로 전통 유대인성과 전에는 그들을 비유대적인 환경과 구분시켰던 세속적인 이디시 생활 방식의 결합물에 의존했다. 반면에 아랍 유대인 이주자들에게 있어서 자신의 종교적 관행은 그들을 유대인으로 만들어 주는 유대인성의 유일한 표식이었다. 다시 말해서, 그들의 삶의 방식에서 세속적이고 일상적인 모든 것은 아랍적이었고, 결과적으로 한참 만들어지고 있던 신생 이스라엘 문화 속에서는 전적으로 부정되지 않더라도 부정적으로 인식되던 것들이었다.[2] 따라서 아랍 유대인들은 '유대 국가' 내에서 아랍인으로 보이지 않기 위해 예배 전통과 종교 행사들을 최대치로 보존하고 외면화할 수밖에 없었다.

이러한 억압, 즉 아랍성을 감추기 위한 위장과 자기 부정은 아랍적인 것의 외부적인 표식과 재생산을 지속적으로 억압하는 데 엄청난 영향을 미쳤다. 시오니스트 사업이 근본적으로

---

2 역사의 더한 아이러니는 마이모니데스가 중세의 다른 유대 저자들과 마찬가지로 주로 아랍어로 글을 적었다는 사실이다.

세속적이었다 할지라도, 유대 아랍인들의 세속화는 놀라울 정도로 빠르게 진행되었다. 그들이 겪는 문화적 정신 분열은 그들의 세속화를 늦추지 못했으며, 그들 중 많은 수가 반아랍적 견지를 취하는 데 영향을 주었다. 결과적으로 이들은 토착 인구에 대한 적대감이 본래 확고했던 시오니스트 우파를 지지하게 되었다.

문화적 구별 짓기는 사회 집단들의 정체성 정책에서 핵심적인 현상이다. 일례로 피에르 부르디외가 잘 분석했듯이 현대 사회학에서는 익히 알려진 용어이다. 유대 아랍인들과 그 후손들이 자신의 출신 문화의 잔여물로부터 스스로 거리를 두는 것은 이스라엘에만 국한된 현상이 아니다. 비슷한 현상, 즉 '필요한 변경 mutatis mutandis'은 프랑스와 캐나다로 이주한 유대계의 마그레브 인구에서도 찾아볼 수 있다. 이들 중 많은 수는 아랍인으로 규정되고 싶지 않은 강박적인 바람 때문에 강한 반오리엔탈 정치 성향을 보이게 되었고, 이것은 2, 3세대들에게 전해졌다.

빠른 이스라엘화는 분명 외부에서 들어온 문화적 다양성의 긍정적인 면을 약화시켰지만, 다른 한편 이 국가가 설립되는 과정에서 형성된 다양한 위계 체제를 강화하는 역할도 수행했다.

7장

빈 수레와 가득 찬 수레

Empty Cart, Full Cart

1952년 이스라엘 수상인 다비드 벤 구리온은 하존 이쉬(전망을 보는 자)로 알려진 랍비 아브라함 예사야Avraham Yeshayahu를 만났다. 이 역사적인 만남은 이스라엘의 역사에 정다운 '귀머거리들의 대화'로 기록된다. 이 '유대 국가'의 지도자는 '신을 두려워하는' 정통파의 우두머리에게 어떻게 하면 종교와 세속이 함께 조화를 이루며 이 신생 정권 밑에서 공존할 수 있을지를 물었다. 시오니스트도 아니며 이스라엘을 결코 유대 국가로 생각하지 않았던 이 현명한 랍비는 바빌로니아 탈무드에 나오는 산

헤드린Tractate Sanhedrin의 낙타를 예로 들면서, 논리적으로 봤을 때 좁은 길에서는 빈 수레가 꽉 찬 수레에 길을 내주어야 한다고 대답했다. 세속적 시오니즘은 텅 빈 문화인 반면 유대교는 꽉 차 있었다. 불편해진 벤 구리온은 다시 질문을 던졌다. 그 나라를 식민화하고 땅을 일구고 그 경계를 지키라는 명령이 랍비의 눈에는 유대 문화의 임무로 보이지 않느냐고 물으면서, 게다가 이스라엘 인구의 대부분이 세속인들이며 지금 그 국가를 지배하고 있는 것은 그들이라고 덧붙였다. 랍비는 신의 명령에 목숨을 맡길 준비가 되어 있는 사람들에게 다수 의견과 주권 국가의 법은 관심 밖의 일이라고 대답했다.

시간이 지나면서 하존 이쉬가 옳았다는 것에는 의심의 여지가 없다. 유대 종교라는 가득 찬 수레에 비해 세속적 유대주의의 수레는 비어 있었고 지금까지도 비어 있다. 이 문제를 더 깊이 파고들수록 종교적이지 않은 유대 문화 관습cultural baggage이란 존재하지 않는다는 점을 발견하게 될 것이다. 이것이 그 진정한 전통의 세계와는 반대로 시오니즘이 점점 깊은 모순에 빠지고 역사에 철저히 아첨하는 이유이다.

하지만 이 섬세한 랍비도 알지 못했던 것이 있다. 1952년의 이 시오니스트 사업은 시오니즘 자신도 알아차리지 못한 채 이스라엘 문화라는 꽉 찬 수레를 창조해 내는 중이었던 것이다. 제멋대로이며 모든 논리를 벗어나 창조된 이 문화는 스스로 '세속적 유대 문화'로 불리기를 고집한다. 하지만 이스라엘이 유대인으로 간주하는 이스라엘 밖의 개인들은 이 문화를 공유하지 않는다. 반면 전 세계의 많은 유대 신자들이 하존 이쉬의 유대 문화를 공유하고 있다는 것에는 의심의 여지가 없다.

이스라엘 국가가 만들어진 기반을 마련한 것은 여러 동유럽 국가들에서 온 사회주의자들이었다. 이 개인들은 유대교에 맞선 세속주의자들이었지만, 유대 종교 전통에 내재해 있는 표식들을 차용해야만 했다. 그들은 유대 공동 사회의 일원으로서 따라야 하는 윤리를 비롯해 종교 전통 초기의 핵심적인 표식들을 빌려 썼으며, 이 표식들은 우파뿐 아니라 좌파까지도 포함한 모든 시오니즘의 흐름에 받아들여졌다. 이 이념적이고 개념적인 현상을 만든 복잡한 원인들은 19세기 말부터 시작해서 현재에 이르기까지 시오니즘의 특징과 목표에 뿌리를 내리고 있다.

시오니즘은 팔레스타인의 식민화를 정당화하기 위해서 무엇보다도 이 땅에 대한 합법적인 소유권을 제시하는 성서에 호소했다. 그 후 시오니즘은 다양한 유대 공동체들의 과거를 아시아, 유럽, 아프리카에서 유대교로 개종한 혼합 집단들의 밀도 있고 다양한 프레스코가 아닌, 고향 땅에서 쫓겨나 떠돌아다니면서 2천 년 동안 그 땅에 돌아올 염원을 했다고 하는 어떤 한 인종의 직선적인 역사로서 그리기 시작했다. 세속적 시오니즘은 아브라함의 후손이라는 종교적 신화와 죄로 인해 추방당한 저주받은 떠돌이 민족이라는 기독교 전설 두 가지 모두를 깊이 내재화했다. 이 두 모형을 바탕으로 시오니즘은 하나의 인종적 집단이라는 이미지를 퍼뜨리는 데 성공했고, 그 명백한 허구성(그저 이스라엘인들의 외모가 얼마나 다양한지만 봐도 알 수 있는)은 그것이 작용하는 효율성에 영향을 주지 않았다.

동시에, 시오니스트 사업은 그런 모순에 대한 부끄러움도 없이 바빌론에서의 추방의 과거와 함께 완전히 무너져 버렸던 문화를 창조해내고자 했다. 1940년대부터 지금까지 이슈브(시오니스트 정착촌)에서는 특정한 형태의 이스라엘 엘리트주의가 번창했다. 1950년대와 60년대에는 그것이 점점 더 강화되면서 헤게모니가 되었다. 이제 중요한 것은 이스라엘인, 더 정확히는 히브리인이 되는 것이었고, 옛 유대 전통은 노골적인 경멸의 대상이 됐다.

한 예를 들자면, 문화적 엘리트들과 좋은 가문 출신의 젊은 이들 사이에서 '유배 시기의' 이름을 히브리어 이름으로 대체하려는 경향이 크게 퍼져 갔다. '히브리화'는 성씨 개명에만 적용되는 것이 아니었다. 신세대 부모들은 열광적으로 성서를 넘기면서 소위 촌스러운 모세, 야코브, 다비드, 슐로모와 같은 이름들과는 다른, 드물고 강인한 이름을 찾고자 애썼다. 누가 봐도이상하고 고리타분한 탈무드 랍비의 이름들도 제외되었다. 그이름들은 탈무드 학교 예시바와 비참한 '쉬테틀'의 분위기를 너무 강하게 드러냈기 때문이다.

유대 전통과는 전혀 관련이 없는 가나안식 이름들이나 유대인들이 입 밖에 내 본 적도 없던 이름들이 특히 주목을 받았다. 모든 이스라엘 지도자들은 선행자와 마찬가지로 유대인들이현대적인 첫 인구 통계 조사 당시에 쓰고 있었던 성씨를 버렸다. 다비드 그린은 다비드 벤 구리온에게 그 자리를 물려 주었고, 시몬 페르스키는 시몬 페레스가 되었다. 마찬가지로 이츠하크 라빈은 원래 루비트조프였고, 에후드 바락은 브록이었으며, 아리엘 샤이너만은 샤론이 되었다. 그리고 베냐민 네타냐후의아버지는 원래 밀레코프스키였고, 사울 모파즈는 젊은 시절 샤람 모파자카르였다. 옛 이름들은 양 떼처럼 강제 수용소로 끌려가 학살을 당했던 나약한 유대인이나 슬라브식으로 이슬람문명을 따르는 유대인을 떠올리게 했다. 핵심은 이스라엘에 정신적으로나 육체적으로 힘이 넘치는 강력한 히브리인 '신인류'를 창조해 낸다는 것이었다.

이런 히브리적 정체성은 그 국가가 창조되기도 전에 만들어졌으며, 이스라엘 안의 노동 계급을 형성했던 이주자 대중과는 문화적으로 상당히 차별화되었음을 드러내는 표식이었다. '히브리성Hevrewity'은 주로 문화적, 정치적, 군사적 엘리트들의 관행상의 성격이었다. 그것은 이스라엘 시민들이 그다지 이스라엘적이지 않았던 시절에 공공 영역에서 조율을 담당했다. 이디시나 마그레브에서 떨어져 나온 대중들의 대부분은 현대 히브리어를 구사하는 데 어려움이 있었고, 이 새로운 문화는 그들이 닿을 수 없는 어떤 것이었다. 그중 일부는 유럽에서 세속화되었으나, 유대적, 이디시적, 아랍적 전통의 잔재가 남아 있었다. 이는 여전히 이주민의 삶이라는 힘든 환경 속에 놓인 그들의 일상에 문화적이고 민속적인 버팀목을 구성하고 있었다.

그 사이에 엘리트들은 위에서 보았듯이 새로운 문화를 만들고 퍼뜨리는 데 열정적이었다. 그 문화는 정치적이고 지적인 힘의 균형 속에서 이미 헤게모니를 획득한 상태였다. 아직 텔레비전이 없던 시대였지만, 그들은 이 작업을 위한 두 가지 고삐를 손에 쥐고 있었다. 하나는 교육 제도였고 다른 하나는 군사 기관이었다(그리고 정도는 덜하지만, 언론도 있었다). 모든 학교에서 교사들은 학생들에게 이스라엘인으로서 말할 것과 히브리어로 읽을 것을 가르쳤고, 영웅적이고 세속적인 이야기로 성서를 가르쳤다. 이스라엘 국가가 세워지기도 전에 '성서에서 팔마크Palmach까지'[1]의 공식이 널리 퍼졌다. 즉, 역사에서 진짜로 중요했던 것은 고대에는 상상 속의 히브리 주권 국가였고, 현대에는 현실의 이스라엘 주권 국가였다. 고대의 영웅주의와 현대의 용맹함은 강건한 사브라 정체성의 표식이었다. 역사적 사건들 속에서 수동적이었던 병약한 유대교는 부차적인 중요성을 지니게 되었고, 민족적 르네상스로 이행하는 수단이었던 흔들리고 좁은 통로로서만 인식됐다.

의무적인 군 복무도 똑같이 중요한 교육적 기능을 수행했다. 의무 교육과 함께 군 복무는 강렬한 용광로였으며, 새로운 정체성과 문화를 창조하는 역할을 했다. 엘리트와 이주자 대중들은 이 위계적인 기관들을 통해서 가장 강력하게 접촉했다. 군입대를 하기 전에는 이디시어나 아랍어 등 혐오스러운 외국어로 부모들과 대화하던 사람들이 이스라엘 방위군Tzahal에서 이삼 년

---

1 *plugot machatz*, 즉 '충격 군대'의 줄임말로, 이스라엘이 수립되기 전, 그리고 짜할, 즉, 이스라엘 방위군이 설립되기 이전의 준군사 조직이었다.

을 겪은 후에는 스스로 자질 있는 군인이자 훨씬 더 나은 이스라엘인이 되었다고 느꼈다. 그 후 그들은 부모에게 국가의 언어를 가르쳤고, 더불어 군사적 강건함과 민족적 위엄이 없는 자신들의 옛 문화에 대한 수치심을 주입하기 시작했다. 포위된 요새라는 영구적인 위치를 스스로 자각한 것과 1948년, 1956년, 그리고 1967년의 전쟁에서 승리를 거머쥐었던 것은 이스라엘 정체성에 영광을 더했다. 그리고 구엘리트들의 권력을 신성시하고 그 힘을 숭배하게 하였다.

강조되어야 할 부분은 이스라엘 문화가 놀라운 속도로 견고해졌다는 점이다. 다른 나라들에서 민족 문화가 상대적으로 오랜 과정을 통해 형성되었던 반면에, 이스라엘에서는 완전한 이주자 사회라는 속성 때문에 완전히 새로운 언어와 문화가 2세대에 걸쳐서 설립되고 전달되었다. 인구의 모든 수가 똑같이 이 이행을 받아들인 것은 아니었다. 하위문화가 존재했고 오늘날에도 여전히 존재하고 있다. 하지만 시오니스트 사업이 문화 부문에서 거둔 승리는 농업과 군사적 역량 면에서 보여준 성과와 함께 전례 없는 것으로 보인다.

시각 예술, 문학, 시, 연극과 영화 등 고급문화에서 역시 예술가들은 독창적이고 가치 있는 작품을 만들어냈다. 초기의 문화 전통을 부정하고 조롱했음에도 불구하고 현대의 이스라엘 문화는 비밀스럽게 그 유산의 특정 요소들을 내면화했다. 이디시 선율이나 아랍 가락과는 구별되는 새로운 음조가 젊은 사브라들의 심경을 휘저었던 러시아 곡조들을 대체했다. 모든 공공 모임에서는 집단 노래가 대체로 옛 기도를 대신하게 됐다. 세계화 시대 한참 전부터 이스라엘인들은 동유럽이나 북아프리카의 유대인들과는 상당히 다른 복장을 받아들였다. 그들은 지역적 기후에 맞추어서 결과적으로 영국 제국 전체에 널리 퍼져있었던 식민지 스타일과 놀라울 정도로 비슷한 의복을 입었다(농민 사브라의 특색 있는 모자인 코바 템벨 하나만 제외하고). 1970년대의 일상 문화에서 이스라엘어/히브리어는 발음 변조가 심하긴 했어도 공통 언어가 되었고, 팔레스타인에서 가져온 많은 요리법이 표준화되었다. 민족 문화 사업이 막바지에 도달한 듯했다.

시오니즘은 신인류에게 고대의 유대 관행들과 그에 수반하는 반민족적 개념들 모두에게서 차별화된 새로운 특징과 자신들만의 언어를 퍼트리는 데 성공했다. 이 신인류들에게는 이제 정확한 국경을 모르긴 하지만 한 나라가 있고, 어디까지 유대적이지 않은지 불분명하지만 단일한 공공 문화도 있게 된 것이다.

이스라엘 문화와 히브리어가 승리를 거두자 1970년대 중반부터 지금까지 상당히 유연하고 이완된 태도가 이어졌다. 유대나 아랍적인 과거의 다양한 문화 요소들은 더는 국력 체계에 위협이 되지 않았다. 그리고 무해하고 무던한 민속적 표현들로 조심스럽게 간주되기 시작했고, 조심스럽게 장려되기까지 했다. 이디시적인 것에 대한 향수는 대중적이고 정당한 것이 되었다. 이스라엘 음악에서 '오리엔탈' 혹은 '지중해적'인 노래들이란 명목하에 아랍 곡조가 점점 더 많이 재생되었다.

굴욕적이고 유약한 유럽 유대인들[한동안 이스라엘에서 '비누(나치가 유대인의 시체에서 기름을 뽑아 비누를 만들었다는 데서 유래_옮긴이)'나 '도살 양 떼'라고 기꺼이 불렸던]이 당했던 대학살은 민족적 기억의 위계 안에서 밑바닥에 놓여 있었지만 이조차도 1967년의 대승리 이후에는 그 입지가 바뀌어 새로운 영예의 자리에 올려졌다. 하지만 기억의 전당에서 일어나는 이런 변화의 원인은 좀 더 복잡한 것이었다.

8장

모든 희생자를 기억하라

Remembering All the Victims

1944년 4월, 시인 율리안 투빔Julian Tuwim(폴란드 유대인으로 나치를 피해 프랑스, 포르투갈, 미국 등지를 전전하였고, 1940~1944년에 폴란드를 조국으로 그리워하며 「폴란드의 꽃」을 썼다_옮긴이)은 '우리, 폴란드의 유대인'이라는 제목의 걸작을 발표했고, 그 일부를 보자면 다음과 같다.

내가 내 민족 정체성을, 아니 더 정확히 말해서 내 민족적 감성을 증명해야 한다면 난 내가 폴란드인이라 말하겠고, 그것은 대개는 합리적이지만 때로는 '신비적인' 요소는 전혀 없다고 하더라도 비이성적인, 아주 단순하고 거의 원초적인 이유 때문이다. 폴란드인이 된다는 것은 영예도, 영광도, 권리도 아니다.

그건 마치 숨 쉬는 것과 같다. 난 숨 쉬는 것을 자랑스러워하는 사람을 아직까지 만나본 적이 없다. 난 폴란드인이다. 내가 폴란드에서 나고 자랐기 때문에, 내가 폴란드에서 학창 시절을 보내고 대학을 갔기 때문에, 내가 폴란드에서 행복하고 행복하지 않은 일을 겪었기 때문에. 다른 어떤 곳에서 천국의 기쁨을 약속받긴 했으나, 그래도 유배 생활이 끝난 후 내가 돌아가고 싶은 곳은 폴란드이기 때문에.

이에 대한 대답으로 이렇게 말하는 목소리가 들린다. "좋다, 당신이 폴란드인이라면 왜 이 '우리, 유대인…'을 썼는가?" 그러면 나는 영광스럽게 대답한다. "피 때문이오." "그러니까 혈족주의 신조?" 아니, 결코 아니다. 혈족주의 신조가 아니라 정확하게 그 반대이다. 피에는 두 가지가 있다. 혈관을 타고 흐르는 것과 혈관 밖을 흐르는 것.

여기서 투빔은 흘린 피 때문에 유대인이 된다는 게 어떤 의미인지를 설명한다. 2차 세계 대전 이전에 그 시인은 자신이 유대계임을 부정하지는 않았으나 자신을 폴란드인으로 보고 싶어했다. 또한, 그는 자기 민족 정체성을 부정하고 그를 팔레스타인으로 가게 한 시오니스트 인종 차별주의자들과 유대 혐오자 둘 다를 역겨워했다. 그리고 전쟁이 끝날 무렵 폴란드로 돌아가는 것을 선택하긴 했지만, 유럽을 삼킨 그 산업화된 흑사병(홀로코스트_옮긴이)으로 인해 그는 1944년 자신을 유대인으로 (재)규정했다. 그에게는 그럴 만한 이유가 있었다. 태생을 이유로 살해당한 수백만 명의 사람들은 마찬가지로 고국을 떠날 수도, 태생을 바꿀 수도 없었던 것이다. 히틀러 때문에 그들은 영원히 유대인으로 남게 되었다.

난 어린 시절 투빔의 걸작을 읽었던 기억이 난다. 그것은 나 자신의 유대인 의식을 강화시켜 주었다. 하지만 동시에 2차 세계대전 한참 후까지도 나는 지구상에 마지막 반유대주의자가 남아 있는 한 자신은 유대인으로 남을 거라는 일리야 에렌부르크Ilya Ehrenburg의 주장 또한 받아들였다. 그렇지만 시간이 지나면서, 이스라엘 정치가 과격해지고 특히 기억의 정치에서 변화가 일어나는 것을 보면서, 내 정체성을 규정했던 이런 확신이 점점 무너져 갔다. 이렇게 나의 확신에 틈새가 생기게 된 것을 보여 주는 여러 사건 중 하나가 있다. 내가 파리의 사회과학 고등연구원École des Hautes Études en Sciences Sociales에서 박사 과정을 밟고 있었을 때, 프랑스에서는 처음으로 나치즘과 인종 학살에 관한 대학 학회가 열렸다. 이 학회를 준비하는 데 참여했던 유대 공동체의 대표자들은 초청 범위가 한 집시 참가자에게까지 확대되자 위기를 느꼈고, 그 집시 여성 참가자를 강하게 반대했다. 엄청난 노력을 들이고, 역사학자 피에르 비달 나케Pierre Vidal-Naquet가 개입한 덕분에, 이 '비유대인' 연구자의 기여가 인정되었다. 이 사건 이후 나는 계속 낙담해 있었다. 하지만 내가 최초로 보였던 반응은 놀라움이었다. 1980년대 초반, 나는 나치 범죄가 유대인에게만 한정되어 있다는 그 완고한 주장에 아직 익숙해 있지 않았던 것이다.

이런 식의 사건들을 몇 번 겪은 후, 나는 시내에서 식사하거나 대학에서 강의하거나 일회성 토론을 하는 자리에서 종종 이 질문을 하게 되었다. 나치 수용소와 절멸 캠프에서 또 다른 학살로 얼마나 살해당했는가? 예외 없이 그 대답은 6백만이었다. 내가 유대인의 숫자가 아니라 전체 숫자를 묻는 것이라고 다시 한번 말하면, 대답한 사람들은 놀라움을 표했다. 대답을 아는 사람은 없었다.

그렇지만 알랭 레네Alain Resnais 감독의 영화 〈밤과 안개Night and Fog〉(1955)를 보면 그 대답을 알 수 있다. 천백만 명이 죽었다. 하지만 이 '통념적이지 않은' 2차 세계 대전의 희생자 숫자는 서구의 집단적 기억의 하드 디스크에서 지워져 버렸다. 사실, 라울 힐베르크Raul Hilberg는 자신이 쓴 권위적인 책인 『홀로코스트 유럽 유대인의 파괴Destruction of the European Jews』에서 1961년 초판에서 말했던 6백만의 유대인 수를 1985년 판에서는 정정해서, 총 희생자의 수는 천백만 명이 아닌 천만 명이며 이 중 6백만이 아닌 5백만 명이 유대인이라고 규정했다. 하지만 중요한 건 이런 숫자상의 차이가 아니다. 여기서 중요한 건 왜 살해당한 사람들의 전체 숫자가 완전히 사라지고 전해 내려오는 건 유대인의 숫자뿐이냐는 것이다.

그것만 아니었으면 아주 성공적이었을, 알랭 레네의 영화가 가진 아쉬운 약점 중 하나는 '유대인'이 단지 두 경우에만 언급된다는 사실이다. 이야기의 중심은 나치의 절멸 기관과 주로 정치범, 즉 레지스탕스들과 소련 전범들이었던 희생자들에 초점을 맞추고 있다. 슬프게도 이 영화에서는 나치가 유대인을 괴물화한 것의 본질과 가상의 유대인에 대한 나치의 집착은 전혀 찾아볼 수 없다. '비전형적인' 희생자의 반이 학살자들에 의해 '유대인'이라고 낙인 찍혔었다는 사실은 2차 세계 대전 중의 혐오 사업과 절멸을 이해하는 데 있어 매우 중요하다. 이 '우선순위의' 희생자들 상당수가 자신을 유대인이 아닌 단지 프랑스인,

네덜란드인, 폴란드인, 독일인이라고 생각했지만, 살인자들에 의해 유대 인종으로 낙인 찍힌 채 학살당했다. 그래서 이 주제에 관해 레네의 영화에서 나오는 미화된 대사는 이 영화의 중대한 약점으로 남았다.

하지만 유대인에 관련된 이 약점은 감독이 대담하게 그린 포로수용소 내 프랑스 비밀경찰 대장의 모습으로 상쇄된다. 여전히 나치와 협력했던 많은 프랑스인이 존재했던 1950년대의 불편한 현실을 나타내는 데는 어느 정도의 지적인 용기가 필요했다. 불행히도 그 장면은 검열을 통과하지 못했다.

1985년, 〈밤과 안개〉가 나온 지 불과 30년 후에, 또 다른 프랑스 감독인 클로드 란츠만Claude Lanzmann이 길고 소모적인 영화 한 편을 들고 나왔다. 20세기 말의 영화계 안에서 이 〈쇼아Shoah〉라는 영화는 나치 대학살의 기념비적인 작품이라는 상징적인 지위를 빠르게 획득했다. 당시 영화 제작비 대부분이 이스라엘 정부가 준 비밀 자금을 받기 위해 스위스에 세운 자신의 회사들에서 나왔다는 사실을 그 감독이 숨겼다고 해서 그를 비난해야 할까? 그리고 이 끔찍한 비극에서, 때로 유대인의 주적이 세련된 독일 나치들이 아니라 무지하고 가난한 폴란드 농부들처럼 보인다는 사실에 너무 많은 관심을 두면 안 되는 것일까? 이 두 집단이 같은 토대 위에 서 있었으며 공동의 행동과 연관되어 있었다고 암시하는 것은, 참을 수 없는 역사의 왜곡이라는 결과를 낳는다. 하지만 더욱 용납하기 어려운 사실은, 9시간짜리 프랑스 영화 안에 프랑스에서 아우슈비츠에 이르는 단 하나의 기차에 대한 언급도 없다는 것이다. 게다가 1942년 7월 유대인 어린이들이 동계 경륜장Vélodrome d'hiver(약칭 벨디브. 프랑스 경찰이 1만 3,152명의 유대인을 수용_옮긴이)으로 끌려갈 때 카페 드 플로르이나 레 되 마고(사르트르와 시몬느 보봐르, 알베르 카뮈 등으로 유명해진 카페들. 프랑스 지식인들의 토론 공간이었다_옮긴이)에서 시간을 죽이고 있던 지식인들을 포함하여 이 '빛의 도시(파리의 별칭_옮긴이)'의 주민들이 보였던 상대적인 무관심에 대한 주석도 거의 없었다. 결국, 그 프랑스 컬트 영화에 당시 비시 정권의 역사적인 책임은 완벽히 부재했다. 그리고 분명히 이 사실 덕에 영화 〈쇼아〉는 프랑스와 서구 세계 전반에 걸쳐서 사람들이 인정하고 감상하는 기억의 현장이 될 수 있었다. 그 죽음의 산업이 반유대적이고 칙칙한 '저 멀리' 동부의 절망스럽고 무식한 가톨릭 농부들 사이에서 조직되었으며, 계몽되고 세련된 유럽과는 아무 상관이 없다는 그 생각에 많은 사람이 행복해했다.

게다가 나는 자신을 유대인으로 규정하는 한 명의 이스라엘 관객으로서 용납하기 어려운 부분이 있었다. 세부 내용에 엄청난 주의를 기울이면서 만든 기억에 대한 이 영화 전체에, 이 거대한 죽음의 기계의 희생자가 유대인을 제외하고는 전혀 언급되지 않는다는 사실이었다. 그래서 이 영화의 상당 부분이 폴란드에서 만들어졌음에도, 관객들은 실제로 당시 5백만의 폴란드인이 살해당했다는 사실은 알지 못한다. 이 폴란드인들 중 2백5십만 명은 유대계이고 2백5십 명은 가톨릭이었다. 아우슈비츠 캠프가 원래는 〈쇼아〉에서 언급된 비유대인 폴란드 죄수들을 수용하기 위해 건설되었다는 것 역시 알지 못한다. 그렇다면 미국 대통령 버락 오바마가 상당히 순진하게 (2012년 5월 한 연설에서, 독일 점령하의 폴란드에서의 나치 캠프를_옮긴이) '폴란드 절멸 캠프'라고 말한 것은 그다지 놀랄 일이 아니다.

물론 폴란드 유대인의 절대다수가 화형되거나 매장되어 폴란드 지도상에서 없어져 버렸지만, 폴란드 가톨릭은 전쟁에서 살아남았다. 당연히 이것은 죽은 자와 산 자 사이의 끔찍한 재무제표에 중대한 차이를 만들었다. 하지만 비율을 따져 보자면, 전체 공동체의 규모와 비교했을 때 살해된 집시의 비율은 유대인과 거의 흡사하다는 것을 알 수 있다. 그래도 그들은 〈쇼아〉

에서 란츠만의 관심사에 들지 못했다.

불행히도 희생자의 기억을 구성하는 데 있어서 인종적 선택을 통해 기억을 전달하는 것은 이 프랑스 감독만이 아니다. 그 이전에도 이후에도 비슷한 사람들이 있다. 한 예를 들자면 영원히 귀를 먹게 만드는 엘리 위젤Elie Wiesel의 침묵이 있다. 그는 이스라엘에 남지 않은 이주자로, 다른 민족들의 죽음은 전혀 인정하지 않은 채 유대인 죽음의 독점성을 영구화한 공로로 노벨 평화상을 수상했다.

20세기 마지막 사분기 이래로, 나치가 유대인으로 지정하지 않은 거의 모든 희생자에 대한 기억은 사라졌다. 그 산업화된 범죄는 오직 유대인만의 비극이 되었다. 나치 집단 수용소와 절멸에 관한 서구의 기억 속에서 유대인이 아닌 다른 희생자들, 즉 집시들, 레지스탕스를 비롯한 다른 저항 세력들, 공산주의자들과 사회주의자들, 여호와의 증인들, 폴란드 지식인들, 소련 정치 위원들과 공무원 등은 거의 사라졌다. 비교적 예외적인 동성애자를 제외하고는 나치에 의해 학살된 그 모든 사람은, 유대인과 그 후손들이 벌였던 조직적인 암살과 함께 기억의 헤게모니 네트워크에서 지워져 버렸다. 이런 일은 왜 일어났으며, 이 새로운 기억의 형성이 오늘날 유대 정체성에 어떤 영향을 미쳤는가?

1940년대 말부터 그 후 이십 년 동안, 서구 문화와 사상에서 유대인 학살의 부끄러운 기억은 언저리에만 남아 있었다. 아이히만의 재판에도 불구하고, 이스라엘에서는 1970년까지도 대학살을 학교 교과 과정에 등장시키지 않았다. 전 세계 유대 기관들이 그 주제를 극도로 꺼렸으며 조심스럽게 다루었다. 그 이유 중 두 가지만 언급해 보겠다.

하나는 기억의 역사가 보이는 변덕에 있다. 전쟁 직후에 캠프의 생존자들은 광범위한 대중들과 긍정적인 이미지를 즐길 수 있는 상황이 아니었다. 시대의 잔인한 편견에 따라, 누군가 지옥에서 어떻게든 살아 돌아왔다면 그것은 살해된 누군가를 희생해서 그렇게 된 것으로 보이기 쉬웠다. 나치가 인간을 재로 만들어 버리기 전에, 자신들의 다위니즘 철학을 강화하고 양심의 가책을 덜기 위해서 그들에게서 어떤 인간적 유대감도 남기지 않고 빼앗았다는 것은 잘 알려진 사실이다. 이 비인간화 사업에서 나치는 죄수들이 서로 자극하게 하고 도둑질을 하게 부추겼으며, 서로에 대해 가하는 물리적 공격을 보며 웃어댔다. 간수들과 그들의 보조인 카포(나치의 수용소에서 간수 보조가 된 죄수_옮긴이)들은 연대의 부재와 만연해지는 야만스러움에 대해 기뻐했다. 게다가 1950년대는 캠프의 생존자들이 이 비참한 세

118

계에 존재했던 무가치한 행동을 가지고 서로 고발하는 경우가 많았다. 이 시기에는 생존자들을 인터뷰해서 그들의 고통에 대한 증언을 듣거나 영상으로 남기는 것이 거의 불가능했다. 많은 이들이 살아남았다는 것에 대해 수치스러워했던 것이다.

이 긴 침묵의 두 번째 이유는 국제 정치에 있다. 냉전 중에 서독을 '민주주의' 국가들 틈으로 다시 끌어들이기 위해 서구는 강력하게 움직였다. 서독의 엘리트들이 사회주의자와 공산주의자들을 제외하고는 히틀러에게 아첨했었던 세대에 속했다는 것을 생각하면, 그들이 이 과거를 미화하길 원하고 신중하게 손을 본 판본을 내밀려고 했던 것은 당연한 일이었다. 이 시대를 다루는 많은 미국 영화들이 독일 국방군이 세탁하고 정상화한 이미지를 제시하고 있으며, 많은 책이 나치에 대항했던 독일 저항 세력과 그들이 누린 그 비밀스러운 공감에 매달렸다. 이 냉소적이고 선택적인 기억 게임의 규칙을 감히 '무책임하게' 위반했던 사람들은 주로 정치적으로 좌파인 작가와 예술가들이었다.

1960년대 이래 서서히 절대적인 공포에 대한 인식이 등장하기 시작했다. 냉전은 새로운 분위기를 요구했고, 독일 연방공화국은 막대한 양의 돈을 이스라엘에게 지불하며 생존자들에게 보상한 후, 서구의 정치 문화와 NATO의 군사 기관에 무난하게 통합됐다. 이스라엘 역시 같은 기간에 대서양 동맹의, 그리고 중동에서 미국의 완전하고 충실한 파트너가 되었다.

1967년 전쟁 또한 이런 전환점이 만들어지는 데 공헌했다. 소위 이 이스라엘 방위군의 번개 같은 승리 덕분에, 나라가 만들어진 이래로 이스라엘 엘리트를 괴롭혀 오던 '수치심'이 사라졌다. 예전에는 도살장으로 갔던 '양 떼'가 신흥 사브라의 형성에 반모델로 작용했다면, 이제 지난 파멸을 다시 재현하는 전략은 완전한 변화를 맞이하게 된다.

이스라엘은 강자가 되었던 것이다. 물론 작지만 그럼에도 불구하고 강력한 국가, 다른 민족을 지배하고 그들에게 장기간의 무자비한 군사 점령을 가하는 강자이다. 어제는 약하다는 이유로 숨겨졌던 유대인 희생자들이 이제는 유대 순교자가 되었다. 영웅주의와 저항의 행동들은 이제 이야기 속에서 다소 물러났다. 그리고 그 역사적 학살에서 가장 돋보이는 자리를, 역사 속에서 다른 범죄의 희생자들과 결코 같은 위치에 놓일 수 없게 된 유대인 희생자들에게 넘겨 주었다.

그때까지도 유대-기독교 문명의 기억에서 유대인 학살이 하찮은 위치에 머물렀던 것은 분명 지나친 것이었다. 또한, 그것이 유럽의 2차 세계 대전 개입에서 핵심 요소로 인정받는 것은 도덕적으로 중요한 일이었다. 물론 시오니스트와 유사-유대 정치에서는 이것이 지나치게 중요시되었다. 그들은 희생자들의 기억이 서구의 기억 속에 새겨져야 한다는 것만으로는 만족하지 않았으며, 고통에 대한 특별하고도 독점적이며 전적인 민족적 소유권을 요구했다. 단지 경제적 자본뿐 아니라 명성에 관한 자본을 축적하기 위해, 고통스러운 과거를 극대화하는 홀로코스트 산업이라고 이름 붙여진 것이 시작되는 때가 바로 이 시점이다.

그래서 다른 모든 희생자는 사라지게 되었고 그 대학살은 오직 유대인만의 문제가 되었다. 이제는 다른 민족의 학살과 비교하는 것조차 금지되었다. 그래서 미국의 아르메니아인 후손들이 터키가 저지른 학살을 기리기 위한 기념일을 지정해 달라고 요구했을 때, 친시오니스트 로비가 터키와 결합해서 그 요구를 뭉개버리려고 했던 것이다. 모든 과거와 현재의 범죄들은 2차 세계 대전 중의 유대인 대학살에 비하면 미미한 것이어야 했다. 게다가 '유대인으로 태어났기 때문에' 희생자가 되었던 사람들이 이제는 다른 희생자와 닮기를 거부했다. 스티븐 스필버그의 〈쉰들러 리스트〉나 클로드 란츠만의 〈쇼아〉에서 볼 수 있는 개인들은 특별한 종류의 희생자들이다.

유대인을 보통의 인류 구성원에서 배제하겠다는 히틀러의

열망은 이스라엘과 서구 사회의 이스라엘 지지자들이 받아들인 기념 정책 안에 비뚤어진 형태로 자리 잡게 되었다. 실제로 시오니스트의 수사법은 점점 더 처형자가 아닌 희생자의, 나치가 아닌 유대인의 영원한 특수성을 고집해 오고 있다. 다시 말해, 히틀러와 같은 학살자들은 어디에나 있지만, 유대인과 같은 희생자들은 결코 없었고 앞으로도 결코 없을 것이었다. 가말 압델 나세르Gamal Abdel Nasser는 '신히틀러'라고 불린 첫 번째 사람이었고, 팔레스타인의 야세르 아라파트Yasser Arafat와 이라크의 사담 후세인이 그 뒤를 이었다. 가장 최근에는 이란의 마무드 아마디네자드Mahmoud Ahmadinejad에게 이 역할이 돌아갔다. 이런 식으로 세상을 보고 이런 식으로 기억을 만들어 내면, 계몽주의 이래 계속된 유럽 대륙의 역사의 단독성은 죽음의 사업을 만들어 낸 나치 기획자들이 아니라 오직 유대 태생의 죽은 자와 박해받은 자에게로 향하게 된다.[1]

학살 생존자의 후손들이 구성하고 있는 캠프는 1970년대 이래로 꾸준히 증가해 왔고, 요새는 너도나도 생존자가 되려고 한

---

1 여기서는 유럽 대륙만을 의미한다. 근대에 존재한 다른 두 개의 궁극의 공포, 즉 계몽주의의 결과인 식민주의와 스탈린주의는 본래 유럽 밖에서 일어났다. 사실 박해와 범죄의 시대에 예외적으로 '정의로운' 자들이 있었고, 그런 이들이 다른 사람들을 구하기 위해 목숨을 걸었다는 사실은 놀라웠다. 역사에서 항상 그렇듯이 그런 사람들은 많지 않다.

다. 2차 세계 대전 당시 유럽에서 살지 않았고 학살 당시에 희생자들에게 어떤 실제적인 연대도 보이지 않았던 유대 태생의 많은 미국인이 자신을 그 죽음의 작업에서 살아남은 생존자들의 직접적인 후계자라고 선언했다. 이라크와 북아프리카 유대인의 아이들은 자신을 점점 커지는 나치즘 희생자 공동체의 통합된 일부로 간주하게 되었다. 이스라엘에서는 1970년대 쇼아 '2세대'라는 공식이 나타나기 시작해서, 지금은 '3세대'가 그 뒤를 잇고 있다. 이렇게 다른 자본과 마찬가지로 과거 고통에 대한 상징적인 자본도 증여될 수 있는 것이다.

'선택된 민족'의 옛 종교적 정체성은 점차 '선택된 희생자'일 뿐 아니라 '독점적인 희생자'라는 현대의, 그리고 매우 효과적인 세속적 문화에 자리를 내주었다. 종족 중심적인 도덕의 차원이라는 면에서 이 '세속 유대인성'의 정체성주의적 축은 많은 사람이 자신을 유대인으로 특징짓게 하는 주요 요소이다. 이 점은 아래에서 다시 이야기할 것이다. 또한, 그 축은 다른 많은 요소와 더불어, 나 자신을 계속해서 세속적 유대인이라고 규정하며 느끼는 불쾌감을 점점 키우고 있다.

9장

터키인을 죽인 후의 휴식

A Rest After Killing a Turk

자기 집단 내에만 적용되는 유대 도덕성을 혹평하는 내용의 유명한 자기비판적 이디시 만화가 하나 있다. 한 어머니가 크림 전쟁 당시에 아들을 차르 군에 복무시키러 간다. 신병 모집 사무실에 아들을 두고 가면서, 어머니는 샌드위치 몇 개를 아들의 배낭에 넣으며 귀에 대고 속삭인다. "터키인을 죽이고 나서, 앉아서 이걸 먹으렴." "네 엄마." 아들이 대답한다. 어머니가 덧붙인다. "터키인을 죽이고 나면 매번 적절한 휴식을 취해야 한단다." "물론이죠." 신병인 아들이 대답하고서 잠시 망설이다가 묻는다. "그런데 터키인이 절 죽이면 어떻게 하죠?" 어머니는 입을 딱 벌리고는 말한다. "그놈이 널 왜 죽인다니? 네가 그 사람한테 뭘 했다고!"

1999년이 지나가던 무렵 샌프란시스코에서, 나는 이디시 후손인 먼 친척으로부터 유월절 축제에 초대를 받았고 잊지 못할 일을 경험했다. 손님들 대부분이 영어를 사용했고, 내가 항상 피해 왔던 이집트로부터의 엑소더스 이야기인 하가다(유월절에 사용되는 전례서_옮긴이)의 암송이 내게 주어졌다. 난 암송 후에는 미국인들을 위해 그 내용을 큰 소리로 해석했다. 이것은 전통적인 유월절 축제에 대한 아이들의 관심을 일으키기 위해 행해지던 관습이었다. 하가다는 아이들을 교육하고, 유대 '기억'의 총체로 인도하기 위해 고안된 것이기 때문이다. 난 그 이야기가 가진 독창성의 증거를 보이고 그 역사적 이야기들 속에 들어있는 자유의 메시지를 강조하며 강사의 역할을 진지하게 수행했다. 그날 유월절 축제의 분위기는 즐거웠고, 우리는 질 좋은 와인을 마시며 이집트에 떨어진 혹독한 전염병에 관한 이야기들을 주고받았다.

집에 돌아오는 길에 어두운 차에서, 당시 다섯 살이었던 딸아이가 사악한 이집트인들에게 하느님이 보냈다는 열 가지 전염병에 대해서 계속 물었다. 첫 번째 전염병이 왔을 때 피가 수도꼭지에서도 나왔어요, 아니면 강에서만 넘쳤어요? 그 사람들이 진짜 그걸 마셨대요? 개구리들이 사람들한테 정확히 뭘 한 거에요? 파리들이 작았어요, 컸어요? 등등. 딸아이는 반쯤 졸면서도 이집트 출애굽기 이야기에서 가장 무서운 열 번째 전염병에 대한 질문까지 건넸다. '맏이'가 정확히 무슨 뜻이에요? 남자애들만 말하는 거에요, 여자애들도 죽었나요? 내가 처음 태어난 남자아이들만 골라냈던 거라고 대답하자, 그 말에 딸아이는 안심했고 곧 조용해졌다. 난 딸아이가 잠이 든 줄 알았다. 하지만 갑자기 마지막 '충격적인' 질문이 뒷좌석에서 들려왔다. "하느님은 맏이라면 조그만 아기들도 죽였나요?"

난 몹시 당황해서 잠시 대답을 못했던 걸로 기억한다. 난 딸아이에게 그 일은 '우리' 아이들이 아닌 오직 이집트 사람들에게만 일어났다고 분명하게 말할 수가 없었다. 난 맹목적이거나 편협한 종족 중심자가 아니었기 때문이다. 또한, 난 그 '정당화된' 복수라는 핑계를 댈 수도 없었다. 사탄이라고 할지라도 어린아이들을 고의적으로 죽이는 식의 복수를 만들어 낼 것 같지 않았다. 또한, 이것은 우리의 이해를 넘어선 성스러운 행위에 대한 객관적인 묘사라고도 말할 수가 없었다. 딸아이가 객관성과 중립성에 대해서 무엇을 알겠는가? 그리고 불과 몇 시간 전에 딸아이는 우리가 그들의 맏이에게 내려진 전염병에 대해 하느님에게 감사하는 강력한 찬가를 들었고, 나를 따라서 '저희는 그걸로 족하나이다'를 중얼거렸는데 말이다.

나는 다음 날 아침에도 질문이 계속될까 봐 대답을 피할 방법을 찾으려고 머리를 쥐어짰으나 머릿속이 마비되어 버려 아무것도 생각할 수 없었다. 딸아이가 다시 하가다를 읽어달라고 하면 어떻게 하나, 그리고 다시 그 복수를 간청하면서 '하느님을 모르는 민족들에게 분노를 쏟으시고…… 하느님의 천국 아래에서 그들을 멸망시키소서'라고 말하는 대목이 나오면?

하가다로 알려진 이 모음집은 오랫동안 유대 문화생활에서 핵심적인 위치를 차지해 왔다. 첫 판본이 만들어진 때는 9세기로 알려져 있지만 유대의 하느님을 믿지 않고 감히 이스라엘을 공격했던 모든 민족을 전멸시켜 달라는 노골적인 요구가 정확히 언제 들어가게 되었는지는 확실치 않다. 그러나 유럽 중세의 유대 혐오자 신부들은 이 내용을 잘 알고 있었다. 그래서 이 이단적인 예수 살해자들에 관한 이야기로 사람들을 주기적으로 자극하면서, 이들이 범죄적 의식을 한다는 흉악한 고발을 퍼트리며 복수의 저주를 내린 것은 분명하다. 또한 수많은 선동자가 유아의 피와 무교병(유월절에 먹는 발효시키지 않은 빵)과의 자극적인 연관성을 빈번하게 무기로 사용했던 것도 잘 알려져 있다.

난 내 친조부모와 외조부모님들이 우지Lodz 게토(폴란드에서 바르샤바 다음으로 큰 도시의 유대인 거주지_옮긴이)에 수용되어 있는 동안에도 계속해서 유월절 축제를 기념했었으리라고 생각한다. 그들이 가스 트럭에서 질식해 죽기 전까지도 말이다. 효율성을 높이기 위해 개발되었지만 제대로 작동하지 않았던 이 가스 트럭은 이후에 더 효율적인 가스실로 대체되었다. 내 조부모들이 유월절 기도를 드리면서 신의 분노와 파괴를 요청하는 그 끔찍한 문장까지 읽었는지는 알 수 없다. 오늘날의 세계는 실제로 내가 그렇듯이 이들에 대한 관대함이 넘친다는 건 확실하다. 약하고 박해받은 자들이 자신들의 모든 행동과 말을 합리화할 필요 없이 복수를 부르짖는 것은 이해할 수 있다. 하지만 오늘날 파리나 런던, 뉴욕의 그 '세속적 유대' 지식인들이 열정과 자기만족을 가지고 하가다를 읽으면서도 고임에 대한 그 분노의 구절을 지우지 않는 것은 어떻게 봐야 할 것인가? 곤란한 질문들은 더 많다. 이 불행한 문장이 중동의 하늘을 지배하는 이스라엘 조종사들이나 점령된 서안 지구의 무력한 아랍 마을들을 순찰하는 무장 군인들에 의해 읽히는 것은 어떻게 봐야 할 것인가?

위로가 되었던 신앙을 박탈당한 많은 사람이 새롭게 세속적 유대인들로 등장했고, 지금은 유대 윤리의 우수성을 주장한다. 오늘날 많은 지식인이 유대교에는 타자에 대한 사랑과 고통받고 억압당하는 자들과의 내재된 연대를 가진 우월한 윤리가 있다고 주장하려 하고 있다. 하지만 수 세기 동안 유대인들에게는 양심 없는 고리대금업자나 사기 치는 상인이라는 도덕적 불명예의 낙인이 찍혀 있었다(셰익스피어와 디킨스에 등장하는 인물들은 예외적인 것이 아니다). 물론 유대인들이 그런 대부, 금 거래, 등쳐먹기 등의 '수치스러운' 일에 몰리게 되었던 것이 탈무드 때문은 아니다. 대개 유대인들이 재산을 갖거나 땅을 일구는 것을 기독교 세계가 금지했기 때문에, 그 일들은 유대인들이 어쩔 수 없이 선택해야 했던 분야였다. 하지만 일단 비천한 사기꾼이 되고 나면, 그것은 그들의 자발적인 행동으로 인식되지 않았다. 그들의 신앙이 탐욕을 부추기며, 이 탐욕에서 유발된 유대인의 본질적인 성질이 문제인 것으로 여겨졌다. 이렇게 상처에 모욕이 더해졌다. 예수의 은혜를 거절했던 이스가리옷 유다의 후손들은 더러운 돈에 기생하는 삶으로만 생존할 수 있었다는 것이다. 이것이 탈무드가 전한 것이 아니던가? 그들의 역사적 운명이 항상 그렇게 흘러오지 않았던가?

유대교의 특징을 금전신을 숭배하는 것이라고 말하는 역사적 우매함을 범한 사람은 샤를 푸리에와 피에르 조제프 프루동만이 아니었다. 젊은 시절의 칼 마르크스도 잠깐 그런 쪽에 빠져 있었다. 유대인들과 그 후손들이 은행가나 사업가로 분류된다는 사실은 실로 우연 때문이 아니며, 그 원인은 이데올로기적인 게 아니라 사회역사적인 것이다. 베르너 좀바르트Werner Sombart의 경우 이데올로기적인 설명을 하려고 한 적이 있었으나 그는 자기 가설들 사이에서 갈팡질팡했다.

학살의 충격이 몰아친 결과, 21세기 후반의 반세기 동안 반유대적인 입장은 점차 급진적인 변화를 겪었다. 유대 부르주아지의 많은 자녀가 조상들이 했던 자본 축적의 길을 따르지 않고, 반대로 억압받고 착취당한 자들의 편에 섰다는 부정할 수 없는 사실은 다양한 지식인 사회의 관심을 끌었다. 19세기 산업 프롤레타리아트에 평생을 바쳤던 칼 마르크스부터 20세기 초반의 레온 트로츠키와 로자 룩셈부르크Rosa Luxemburg까지, 1930년대의 레옹 블룸Léon Blum부터 하워드 진Howard Zinn과 미국에서 흑인의 동등한 권리와 베트남인들에 대한 지지를 위해 싸웠던 수백 명의 젊은이에 이르기까지, 정의와 사회적 권리

를 쟁취하기 위해 끊임없이 싸웠던 수많은 유대 핏줄의 후손들
이 있다.

그래서 유대인들에 대한 이미지는 긍정적으로 바뀌었고, 마
침내 오늘날 유대-기독교적 유럽의 친유대주의를 낳게 되었다.
이제는 문화와 진보의 입장을 견지한 엄청난 수의 유대 후손들
이 있다는 사실에서 인과 관계를 찾으려 하는 것이 버릇이 됐
다. 많은 사람이 이것을 뿌리 깊은 유대 도덕성의 자취라고 생
각해 버린다. 오랫동안 계속된 인본주의의 전통에서 비롯되었
다는 유대인들의 가정 교육이 불의에 대항하는 광범위한 저항
으로 표출되었다는 것이다. 이러한 접근법에 따르면, 세상에 십
계명을 가져온 '사람들'이 다른 민족들 사이에서 지속적으로
특정한 궤적을 이어가고 있으며 그들에게 성서의 예언자들의
숭고한 원칙들을 전수하고 있다는 이야기가 된다. 예를 들어,
마르틴 부버의 종교 철학이 말하는 대화나, 더 최근에는 엠마
누엘 레비나스의 철학 작업들에서 찾아볼 수 있는 타자 윤리학
을 인용하는 것이 유용하다는 것이다.

하지만 과거 유대인들에 대한 안 좋은 평판이 근본적으로 진
실이 아닌 단정에서 비롯된 것과 마찬가지로, 오늘날 제시되는
유대인의 도덕적 우월성에 대한 이미지 역시 역사적 근거가 없

는 조잡한 신화의 짜깁기에 지나지 않는다. 이것은 부버나 레비나스의 사상으로도 반박할 수 없는 사실이다. 유대 전통은 본질적으로 자신들 내부를 위한 윤리에 기반을 두고 있다. 다른 종교 집단들 역시 보편적 윤리의 부재를 드러내지만, 유대교의 경우 이는 더욱 뚜렷하다. 그리고 그들이 겪었던 박해에서 기인한 유대인들의 고립과 자기 후퇴는 이런 현상을 더욱 강화했다. 수 세기 동안 유대교는 특정설(하느님의 은혜는 선민에게만 주어진다는 설_옮긴이) 안에 종족 종교적인 도덕성을 만들어냈다.

　유대교의 보편적 기반을 보여줄 때 보통 레위기 19:33~34가 인용된다. "너의 땅에 함께 사는 외국인을 괴롭히지 마라. 너에게 몸 붙여 사는 외국인을 네 나라 사람처럼 대접하고 네 몸처럼 아껴라. 너희도 이집트 나라에 몸 붙이고 살지 않았느냐? 나 야훼가 너희 하느님이다." 여기서 '외국인'(히브리어로 'Ger')이라는 용어는 '새로 온 거주자'의 의미로 보아야 할 것 같지만, 사실 성서적 계율에 따라 야훼에 대한 믿음을 받아들인 이주자들만을 배타적으로 가리킨다. 성서는 우상 숭배자들과 야훼를 따르는 자들이 성스러운 약속의 땅에서 공존하는 것을 명확하게 금지하고 있다. 그래서 가나안인들이나 할례받지 않은 팔레스타인인들에게는 절대 'Ger'가 적용되지 않는다.

예수에 의해 신약에서도 다시 등장하는(마태복음 19:19, 마가복음 12:31, 로마서 13:9) 그 유명한 격언인 "네 이웃을 네 몸처럼 아껴라."(레위기 19:18)는 진정으로 성서의 가르침이다. 하지만 야훼의 성스러운 이 말씀의 완전한 구절은 다음과 같다는 것을 아는 사람은 거의 없다. "동족에게 앙심을 품어 원수를 갚지 마라. 네 이웃을 네 몸처럼 아껴라." 바로 이 첫 구절 때문에 역사상 가장 위대한 유대 해석학자인 마이모니데스가 미쉬네 토라에서 이 구절을 다음처럼 해석할 수 있었다. "모든 사람은 이스라엘의 모든 이를 자신과 같이 사랑해야 한다……." 야훼교와 그 뒤를 이은 유대교에서 이 원칙이 모든 인류가 아니라 같은 신앙을 공유하는 사람들에게만 해당한다는 것은 의심할 여지가 없다.

오스카상 수상작인 스티븐 스필버그의 감동적인 영화 〈쉰들러 리스트〉를 보면, 유대인을 구한 그 독일인에 대한 고상하고 관대한 선언의 끝에 이런 말이 나온다. "한 생명을 구한 자는 세상을 구한 것이다." 항상 유대법의 결정적인 문서인 바빌로니아 탈무드에 "이스라엘의 단 하나의 생명을 구한 자는…… 온 세상을 구한 것이다."(산혜드린 5, 미쉬나 4)라고 쓰여 있다는 걸 아는 사람은 몇 명이나 될까. 스필버그의 겉치레적인 수사법이 갸륵한 의도에서 나왔고 많은 사람을 흡족하게 했다고 하더라도 이 영화의 할리우드식 휴머니즘은 유대 전통과는 거의 관계가 없다.

알다시피 수 세기 내내 유대인들은 성경보다 탈무드를 훨씬 더 많이 공부해 왔다. 실제로 모세 오경은 바라샤트 하샤부와 (매주 안식일에 대중 앞에서 읽는 토라의 구절_옮긴이) 덕분에 탈무드 학교에서 잘 알려져 있지만 위대한 예언자들의 메시지에 관한 토론이나 논쟁은 없다. 성서적 예언의 보편적 측면을 흡수하게 된 것은 유대교보다는 기독교 전통이다. 하지만 비유대인 타자에 대한 불평등한 입장이 탈무드에서만큼 명확하지는 않았다. "너희들은 사람이라 불릴 만하지만 우상 숭배자들은 사람으로 불리지 못한다."(예바못 61a) 그리고 예를 들어 21세기 유대 종교의 민족화 과정의 주요 설계자이며 이스라엘 국가가 만들어지기 전 팔레스타인의 식민 공동체의 첫 아쉬케나지 최고 랍비였던 아브라함 이짝 하코엔 쿡Avraham Yitzhak HaCohen Kook이 그의 책 『오롯Orot』(계몽)에서 다음과 같이 쓸 수 있었던 것은 우연이 아니었다.

그 확실성과 그 내부의 열망, 그 영감, 그 자질과 전망을 가진 이스라엘의 영혼과 비유대인 영혼 사이의 차이는, 인간의 영혼과 동물의 영혼 사이의 차이보다 모든 면에서 더 크고 더 깊다. 인간과 동물 사이에는 양적인 차이만이 있으나 이스라엘인과 비유대인 사이에는 종에서 질적인 차이가 있다.

랍비 쿡의 글들이 지금도 점령지(팔레스타인 서안 지구를 가리킴_옮긴이)에 정착한 종교적-민족적 정착촌 공동체를 위한 영적인 가이드로 사용되고 있다는 것을 알아야 한다.

이로써 우리는 비교를 하게 된다. 성서에 나온 십계명의 도덕적 원칙들은 서구에서 단 하나의 하느님을 믿는 자들의 공통된 유산이 됐다. 이 계명들은 처음 시나이 산이라는 한 장소의 신화적인 맥락에서 등장했고, 그 일신교 사상의 기반을 보편적인 신앙으로 보는 세 개의 모든 서구 종교들, 즉 유대교와 기독교, 그리고 이슬람에 의해 신성시되었다. 하지만 그것들이 유대교의 보편적인 윤리 기반으로 받아들여져야 할까?

하느님은 약속의 땅에 이스라엘의 자손들을 위한 공간을 만들기 위해서 가나안의 주민들을 전멸시키기도 했다. 그 공간은 하느님이 히브리 예언자 모세에게 나타난 것과 똑같은, 인상적인 신화적 공간이다. 그러니까 성서에서 '살인하지 말라'라는 선언을 포함한 십계명이 나온 장에서 불과 세 장 뒤에 대량 살해가 약속된 것이다. "나의 천사가 앞장을 서서 너희를 아모리 족, 헷 족, 브리즈 족, 가나안 족, 히위 족, 여부스 족이 있는 곳으로 데리고 들어가리라. 내가 그들을 멸종시키겠다."(출애굽기 23:23) 역사 내내 유대인들은 이 약속과 함께 계속되는 이야기 속의 그 잔인한 표현들에 익숙해졌다. 굳건한 신앙인으로서 그들은 그 논리에 도전할 수 없는 성스러운 법을 받아들이고 신성시하도록 강요받았다.

이 학살자 야훼 전통은 십계명과 함께 다른 두 일신교로 전파되었다. 그리고 유일하고 전능한 하느님의 우월성을 계속해서 인정하지 않으려 드는 우상 숭배자들을 제거하도록 허락하거나 심지어 부추기기까지 했다. 18세기 계몽주의의 시대가 되어서야 이 끔찍한 명령에 대한 비판이 형성되었고 그로부터 거리를 두는 움직임이 나타났다. 이것이 장 멜리에Jean Meslier, 토마스 처브Thomas Chubb, 볼테르, 그리고 다른 철학자들의 작업이었다. 이들은 유대인들, 기독교인들, 그리고 신성한 텍스트를 살아있는 신으로 공경한 무슬림들 모두가 간접적으로 그 양분을 받아 성서의 반보편적인 종교 윤리 성격을 드러내 보였음을 지적했다.

세속화 과정에서 유대 후손들이 이 자기중심적인 윤리 전통을 깨고 더 넓고 보편적인 도덕에 합류하는 데는 많은 노력이 들었다. 어떤 사람들은 그 꿈이 결코 완전히 실현되지 않을 것을 알고 있었다. 그러나 그들은 인류의 공동 목표가 된 것으로 여겨졌던 자유, 평등, 그리고 박애라는 현대적 원칙들을 믿고 거기에 매달려야 했다. 계몽주의 시대로 말미암은 대변혁이 없었고 인권과 시민권에 대한 보편적 인식이 없었더라면, 우리는 칼 마르크스, 레온 트로츠키, 로자 룩셈부르크, 쿠르트 아이스너Kurt Eisner, 카를로 로셀리Carlo Rosselli, 레옹 블룸, 오토 바우어Otto Bauer, 피에르 망데스 프랑스Pierre Mendès-France, 아브라함 사르파티Abraham Sarfati, 다니엘 콘-베네딧Daniel Cohn-Bendit, 노암 촘스키Noam Chomsky, 다니엘 벤사이드Daniel Bensaïd, 나오미 클라인Naomi Klein, 그리고 유대 배경의 가깝거나 먼 상속자인 많은 지식인과 지도자의 등장을 결코 볼 수 없었을 것이다.

이들은 자기 종교나 자기 공동체, 자기 민족의 사람들뿐 아니라 그게 누가 되었든 상관없이 모든 사람의 삶의 조건을 바꾸고자 하는 열망으로 가득 차 있었다. 이 개인들과 유대 종교 간의 거리는, 그들의 이 타오르는 열망과 세상을 바라보는 휴머니스트적 시각의 수렴과 반비례한다. 이 문제틀problematic은 더 깊은 분류와 설명이 필요하다. 혁명, 저항, 개혁과 유토피아의 영역에, 유대적 과거로 거슬러 올라가는 출생을 가진 개인들이 그렇게 많이 끌린 것은 그저 우연이었을까?

지배적인 종교 문명이 종교적 소수자에게 가한 억압 때문에, 계몽주의의 도래와 함께 세속화되어가는 과정에서 억압받은 자들의 일부가 모든 고통받는 자들에 합류했다. 그리고 그들과의 연대를 외치게 되는 기반이 마련되었다. 게다가 그 개인들이 분명하게 의사 표현을 했음에도, 그들을 고집스럽게 유대인으로 간주하는 현대의 유대 혐오가 원인이 되어, 보편적인 도덕에 대한 갈망이 더욱 커졌다. 즉 원칙적으로, 우리 자신을 해방하려면 온 세상이 해방되어야만 하고, 우리의 자유를 얻으려면 모든 사람이 자유로워져야만 하는 것이다.

확신할 수는 없지만, 고대 유대 신앙의 근간인 희망에 대한 메시아적 전통의 분위기가 이런 몇몇 개인들 사이에서 계속 반향을 일으켰을 수도 있다. 유대적 감수성은 종교적 구원에 대한 타오르는 열망에 물들어 있었고, 소외와 박해, 세속화의 결과 이것은 혁명을 통해 구제받고 더욱 공정한 세상을 얻으려는 강한 열망으로 바뀌었다. 즉, 역사의 끝이자 고통의 끝이자 억압의 끝인 것이다.

해방이 시작된 후 몇 세대 동안 여전히 유대 혐오의 바람이 불고 있었지만, 많은 유대 후손들이 기존의 질서에 도전하는 자들의 대군을 가득 채웠다. 그들은 현대의 뛰어난 비순응주의 자들이 됐다. 하지만 이는 물론 모든 유대인에 해당하는 것이 아니다. 유대인 대부분과 그들의 세속화된 후손들은 기존의 권력들을 지지했다. 그럼에도, 수많은 반골적 지식인들의 부모가 유대 문화 출신이었다. 이는 보수주의나 유대 혐오의 권리를 고집하는 것과는 전혀 다른 발전이었다.

정치적 반유대주의가 사라지고 서구의 영적인 세계의 유토피아가 평가절하되면서, 이 현상은 빠른 변화를 겪었다. 혁명적인 보편주의는 공산당 정권들이 저지른 악독한 범죄가 드러난 후, 그 위신이 땅에 떨어졌다. 그리고 슬프게도 그와 함께 다른 요소들을 비롯해 일반적인 인류 연대의 원칙들도 흩어져 버렸다. 보편주의적 의식에 영감을 받은 지식인들, 즉 항상 박해받는 자들의 편에 설 준비가 되어 있는 이주 유대인 자녀들의 순위는 상당히 하락했다. 많은 사람이 점점 더 자신을 보수적이라고 부르기까지 한다. 어떤 사람들은 유대 종교 전통으로 돌아가려고 하고, 더 많은 수의 다른 사람들은 중동에서 이스라엘의 모든 정책과 행동에 대한 열광적인 수호자가 되었다.

유대 도덕과 사회 정의, 그러니까 유대 전통과 인간 권리 사이에 어떠한 연관성이라도 세우려고 하는 사람이라면, 왜 유대 종교 영역은 이스라엘이 반복적으로 인권에 가하고 있는 공격에는 설교하는 법이 거의 없는지 질문해야 한다. 오늘날, 유대 기관 측에서는 이스라엘 점령하에서 벌어지는 심각한 불의에 맞서는 어떤 시위도 거의 나오지 않고 있다. 몇몇 젊은 랍비들이 여기저기서 타인들의 고통에 대해 연민의 신호를 보내오고 있지만, 이는 예외적인 경우이다. 견고하게 조직된 유대 공동체들이 박해받은 비유대인들을 위해 움직인 적은 한번도 없다. 기운이 넘치는 탈무드 신학생들이 다른 사람들이 겪는 억압에 대항하여 시위를 벌인 적도 없다. 그런 진취적 시도는 전통적인 종교적 사고방식과는 완전히 반대되는 것이다.

동시에 유대교와 시오니즘을 헷갈리거나 같은 것으로 보아서도 안 된다. 유대교는 20세기까지, 심지어 히틀러가 등장할 때까지도 유대 민족주의에 확고하게 반대했다. 조직원들의 엄청난 지지를 받고 있는 유대 조직들과 기관들은 성지를 식민화한다는 것은 물론이고, '유대' 국가를 만든다는 생각은 더더욱 받아들이지 않았다. 이 일관된 반대가 고향에서 계속해서 쫓겨나는 그곳의 주민들(팔레스타인인들_옮긴이)에 대한 인간적인 공감의 결과가 아닌 것은 분명하다. 대랍비들이 시오니즘에 분명하게 반대했던 이유는 보편적인 도덕적 명령에 따른 것이 아니었다. 오히려 그들은 시오니즘이란 결국 집단적으로 근대성에 흡수되는 것을 의미한다는 점을 잘 알고 있었다. 그들은 새로운 세속적 신앙에서 표현하는 것처럼 민족의 땅에 대한 숭배가 신성에 대한 헌신을 앗아갈 것이라는 점 또한 알았던 것뿐이다.

이스라엘 국가의 창설, 그 나라의 군사적 승리와 영토 확장은 결국 절대다수의 종교 캠프에 퍼져 나갔고, 이들의 급진적인 민족화에 가속이 붙었다. 종교적 민족주의자들과 민족주의적 정통파의 거대한 연합은 오늘날 이스라엘 사회의 가장 종족 중심적인 요소이다. 그들은 성서나 탈무드를 따라 이 길을 걷는 것이 아니다. 또한, 성서와 그 주석들의 주된 메시지가 그들을 야만적인 인종 차별주의, 영토에 대한 광적인 욕망, 그리고 팔레스타인의 원주민에 대한 심각한 무지에 빠뜨린 것 또한 아니다.

다시 말해서, 아마도 전통적인 유대 도덕의 특징이라고 볼 수 있는 자기중심적인 차원은 오늘날 우리가 이스라엘에서 보고 있는 반자유주의적이고 반민주적인 붕괴에 직접적인 책임이 없을 것이다. 하지만 그 때문에 그런 붕괴가 가능했고 계속해서 그 붕괴에 권위를 실어주고 있다. 자기 집단의 내적인 윤리가 어떤 종교 권력, 국력, 혹은 어떤 정당과 맞물리게 되면, 이는 틀림없이 배제된 사람들, 공동체의 일원으로 생각되지 않는 사람들에게 끔찍한 불의를 만들어 내게 되어 있다.

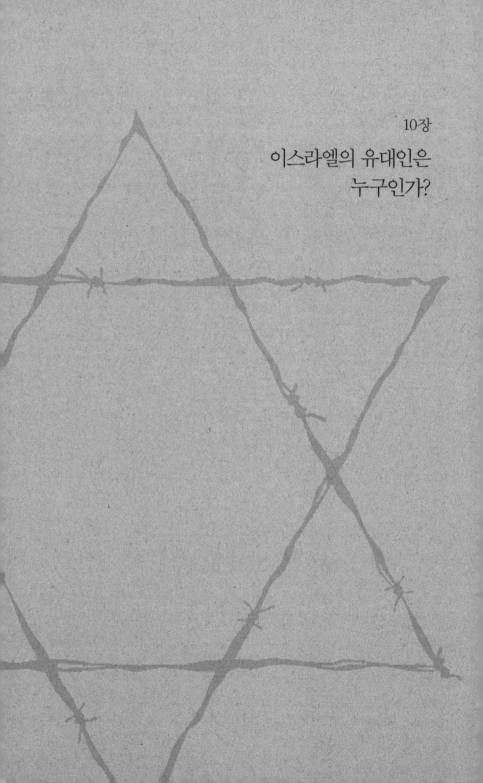

10장

이스라엘의 유대인은
누구인가?

Who Is a Jew in Israel?

2011년, 난 텔아비브의 벤구리온 공항에서 런던으로 가는 비행기를 탈 준비 중이었다. 보안 검색이 오래 걸렸고 승객들이 슬슬 조바심을 내기 시작했다. 다른 사람들과 마찬가지로 나도 피곤했다. 갑자기 탑승 수속 창구 가까이에 있는 벤치에 앉아 있는 한 여자가 내 시선을 끌었다. 그녀는 얼굴은 아니었지만, 머리에 전통적인 스카프(서구 언론에서 '베일'이라고 잘못 부르는)를 덮어쓰고 있었다. 두 명의 이스라엘 보안 요원들이 그녀를 감시하고 있었다. 몇 분 전에 그들은 여자를 대기 줄에서 데리고 나왔었다. 그녀가 '비유대인' 이스라엘인이라는 걸 알아보는 건 어렵지 않았다. 내 주변의 유대 이스라엘인들은 마치 그녀가 완전히 투명 인간인 것처럼 그녀를 못 본 척했다.

이것은 탑승 시의 일반적인 광경이다. 이스라엘의 팔레스타인인들은 항상 다른 승객들과 분리되어 특별 심문과 검색을 받는다. 테러 공격에 대한 공포가 이를 합리화하고 당연한 것으로 만든다. 이스라엘의 아랍인들이 그런 공격에 연루된 적이 없으며, 지난 몇 년간 테러가 줄어들고 있음에도 감시는 완화되지 않았다. 유대 이민자들의 민족 국가에서 토착 팔레스타인인들은 계속해서 의심받고 영원히 감시당하게 되어 있는 것이다.

난 불편함을 느꼈고 그녀를 향해 무기력한 몸짓을 해 보였다. 그녀는 알 수 없는 침묵 속에서 잠시 나를 살폈다. 그녀의 표정은 아버지가 유대인의 눈에서 보는 그 표정의 내용과 정확히 들어맞지 않았지만, 거기에도 역시 슬픔이, 공격을 당한 경험이, 그리고 깊은 두려움이 담겨 있었다. 갑자기 그녀는 나를 향해 미소 지었고, 그 표정은 곧 체념으로 바뀌었다. 몇 분 후, 난 수속 창구에 다다랐고 약간의 어려움도 없이 통과했다. 나는 거의 부끄러울 지경이었고, 감히 그녀 쪽으로 고개를 돌리지도 못했다. 이 글을 쓰면서, 이제 난 그녀에게로 고개를 돌렸다. 그

찰나의 마주침으로 난 다시, 이스라엘에서 유대인이라는 의미
는 근본적으로 그리고 다른 무엇보다도 아랍인이 아니라는 것
을 의미한다는 사실을 뼈저리게 느꼈다.

이스라엘 국가가 만들어진 이래로, 세속적인 시오니즘은 외
국에 있는 그 지지자들조차 지금까지 대답을 찾지 못한 근본적
인 질문과 마주해야 했다. 누가 유대인이란 말인가?

탈무드적 유대교는 이런 종류의 질문을 던지지 않았다. 성경
과는 완전히 대조적으로 탈무드에서 유대인들은 항상 유대인
어머니에게서 태어났거나, 법에 따라 개종을 하고 핵심적인 가
르침을 지키는 사람들을 말했다. 무신론이 있기 전에는 유대교
를 버린다는(많은 사람이 그랬듯이) 것은 또 다른 신앙에 헌신한
다는 의미였다. 그렇게 종교를 바꿈으로써 공동체의 시각에서
그 사람은 더 이상 유대인이 아니었다. 세속주의가 등장하면서
종교적인 의무를 수행하지 않지만 다른 신앙을 선택하지도 않
은 유대인은 그 가족들에게는 슬픔을 안겼을지 모르겠지만, 어
떤 의미에서는 계속 유대인으로 간주되었다. 그 사람이 기독교
인이나 무슬림이 되지 않는 한 언젠가 신앙의 품속으로 돌아올
거라는 희망이 남아있었기 때문이다.

이스라엘 국가가 존재하기 시작한 초반에는 이민자의 물결

속에 '뒤섞인 부부들'이 있었으나 시오니즘은 이 문제에 관심을 두지 않으려 했다. 하지만 임의의 원칙에 따라 유대인을 정의하는 일이 계속될 수 없음은 곧 분명해졌다. '귀환법'이 유대인으로 규정되는 모두에게 신생 국가 이스라엘로 이주해서 시민권을 얻을 권리를 부여했다는 점을 고려한다면, 그런 식의 개방은 위험한 것이었다. 세속적 시오니즘의 원칙에 따른 식민화의 종족 종교적 합법성에 도전하고, 이를 원만하게 진행하지 못할 수 있기 때문이었다. 게다가 시오니즘은 그 이전의 유대교에서와 마찬가지로 유대인을 독자적인 태생의 '민족'으로 확정했다. 따라서 유대인과 주변 민족들의 '동화'는 그들이 두려워할 만한 전개였다.

이것이 새롭게 형성되고 있던 이 세속 국가에서 민사혼이 금지되고 종교적인 결합만이 인정받고 행해졌던 이유이다. 유대인으로 규정된 사람은 유대인하고만, 무슬림은 무슬림하고만 결혼할 수 있다. 이렇게 엄격하게 분리를 조장하는 법은 기독교인과 드루즈인에게도 마찬가지로 적용된다. 세속적인 유대인 부부가 비유대인(즉, 무슬림이거나 기독교인) 아이를 입양할 때는 그 아이를 율법에 맞게 유대교로 개종하고서야 가능했다. 무슬림 부부가 유대계 아이를 입양한다는 생각은 상상조차 할 수 없었다. 통상적인 추정과는 다르게, 이 유사-종교적인 법이 영속화된 것은 종교 공동체가 선거에서 가지고 있는 비중 때문이 아니다. 이는 세속적 유대 정체성과 관련된 불안감과 유대 종족 중심주의를 보존하고자 하는 열망에서 나온 것이다. 이스라엘은 랍비 신정 국가였던 적이 결코 없다. 이스라엘은 처음부터 시오니즘 종족 통치 국가였다.

 그럼에도 불구하고 이 종족 통치는 계속해서 기본적인 문제와 마주해야만 했다. 이스라엘은 전 세계에 자신을 '유대 국가', 즉 '유대 민족의 국가'로 규정하지만, 이 나라는 누가 유대인인지조차 규정하지 못한다. 1950년대에 지문을 바탕으로 유대인을 식별하려던 시도는, 유대 DNA를 구분해 내려던 더 최근의 시도와 마찬가지로 전부 실패했다. 이스라엘 안팎의 시오니스트 과학자들이 세대를 따라 내려오며 보존되어 온 유대인의 '유전학적 순수성'을 주장하는 것은 당연하지만, 그들은 DNA 유전자형을 기반으로 유대인을 특정화시키지는 못했다. 또한, 그 후손들이 공통의 언어나 문화를 공유하지 않는다는 점에서 어떤 유용한 문화적 또는 언어적 기준도 유대인을 특정하지 못했다. 결과적으로 세속적인 입법자들에게는 오직 종교적인 기준만이 남는다. 유대 어머니에게서 태어났거나 종교적인 법과 규정에 따라 개종한 사람은 이스라엘 국가에서 유대인으로, 즉 그 국가와 영토의 배타적이며 영구적인 공동 소유자로 인정되는 것이다. 이는 또한 이스라엘 국가의 공식적인 정체성 정책에서 종교적 관습들을 지키려는 필요가 점점 늘어나는 것을 설명해준다.

게다가 1970년대 말 이후, 시간이 갈수록 이스라엘 국가는 이스라엘적이 아닌 유대적이라는 생각이 점점 더 강해져 왔다. 앞서 보았듯이 '유대적'이라는 것은 전 세계의 유대인들을 말하지만, '이스라엘적'이라는 것은 이스라엘에 사는 모든 시민'만을', 즉 무슬림, 기독교인, 드루즈인과 유대인들을 차별 없이 포함한다. 일상생활에서 문화적인 이스라엘화가 높은 수준의 성숙도를 이루었음에도 불구하고 말이다(이스라엘 팔레스타인인들은 문화변용을 겪었고 완벽한 히브리어를 쓴다). 하지만 이스라엘 국가는 이 정체성을 인정하고 소중히 여기며 이를 포괄적인 의미의 공화주의적이고 민주적인 정신의 용광로로 보는 선택을 하지 않았다. 대신에 오히려 점점 더 유대 중심주의에 빠졌고 상반된 현상을 야기했다.

한편에는 일상적인 이스라엘적 문화 현실이 있고, 다른 한편에는 이스라엘 정체성 정책이 자가당착에 빠져 이상한 정신분

열증을 통해 만들어낸 유대 우월 정체성이 있다. 이스라엘 국가는 점점 더 이스라엘을 유대적이라고 공식적으로 표방하고 있다. 따라서 한편에서는 인문학과 과학적 지식을 가르치는 대신에 문화 사업과 전통적인 종교적 민족적 기구들을 후원하는 데 더욱 집중하고 있다. 다른 한편에서는 나이 든 지적 엘리트들과 세속적 중산층이, 종교적인 강제가 부여되며 만든 규제들과 지속적으로 마찰을 빚고 있다. 후자는 계속해서 '함께' 느끼면서도 '따로' 행동하려고 한다. 즉, 그들은 유대교 없이 유대인으로 남고자 하지만 이것이 불가능하다는 것을 보지 못한다.

여러 가지 요소를 통해 국가 정체성이 두드러지게 유대화된 것을 설명할 수 있을 것이다. 이 경향은 아마도 원칙적으로 이스라엘의 직접적인 권력하에 있는 다수의 팔레스타인 인구를 포함하는 것에서 기인한다. 점령지에 있는 분리 지역의 팔레스타인인들은 이스라엘의 아랍 시민들과 함께 인구 통계적으로 다수를 차지하고 있으며, 이는 이 국가의 유사-유대적 성격에 치명적이고 위협적인 것으로 인식된다.

이스라엘의 정체성이 유대 정체성이어야 하는 필요성이 늘어난 이유에는, 시오니스트 우익의 승리에도 그 기원이 있을 것이다. 시오니스트 우익은 대개 아랍 태생의 유대인들을 지지하여 이득을 보았다. 앞서 보았듯이, 이 카테고리의 유대인들은 다른 이주자 집단의 사람들보다 훨씬 더 강하게 자신들의 유대 정체성을 보존했다. 그리고 1977년 이래로 그 힘은 정치적으로 표출되어 선거의 승리를 이끌었으며, 그 결과 이스라엘의 행보에 지속적인 영향을 끼쳐 왔다.

마찬가지로, 1980년대 후반부터 아주 다른 성격의 '러시아인들'이 국가적 차원으로 이주해 오기 시작한 것도 이 일반적인 경향을 악화시키는 데 이바지했다. 그 새로운 이주자들의 경우, 시오니스트 기관들은 그들의 특정한 문화적 유산이 아닌 본질, 즉 DNA에 새겨진 그들의 유대성을 강조했다. 그 이유는 실제로 이들이 어떤 유대적 전통도 가지지 않았고 이스라엘 문화도 전혀 모르고 있었기 때문이었다. 이 정체성주의 캠페인은 무시할 수 없는 수의 사람들이 어느 모로 보나 유대인이 아니었다는 사실로 인해 복잡해졌고, 그래서 많은 러시아 이민자들은 강한 반아랍적 인종 차별에서 자신의 '유대성'을 찾을 수밖에 없었다.

부가적인 설명을 덧붙일 수 있다. 서구에서 고전적인 민족주의가 쇠퇴하고 공동체주의와 다국적 부족주의(아래에서 다시 다룰 주제)가 도래하는 첫 징후가 이스라엘에서 나타났다. 세계화

시대에, 소수인 이스라엘 문화 정체성에 가치를 부여하는 것은 무엇일까? 그런 역사적 조건들 속에서, 한편으로는 전 세계 유대 후손들에게 이스라엘은 그들의 것이라고 느끼게 해주는 초국가적 '종족' 정체성을 발달시키고, 다른 한편으로는 모든 서구 자본에 진정한 권력을 행사하고 있는 위대한 유대 민족이 형성되고 있다는 인식을 이스라엘 유대인들 사이에 확고하게 심는 것이 바람직하지 않을까? 그렇게 많은 노벨상 수상자들, 과학자들, 영화감독들을 배출해 낸 '세계 민족'에 속하는 게 어떨까? 특정 지역으로서의 이스라엘적 혹은 히브리적 정체성은 과거의 명성을 상당 부분 잃었고, 점진적으로 집요하고 비대한 유대적 자기 정체성에 그 자리를 내주고 있다. 살펴본 바와 같이, 이런 식으로 유대 전통의 특정한 면들이 새로운 유대인들 다수의 삶에서 새로운 입지를 찾아냈다.

비유적인 예시 하나가 1980년대 이래로 이스라엘에서 현저히 강화되고 정밀화되어 온 시민권의 정체성주의적 법들과 교육을 밝히는 데 도움이 될 것이다. 내일 미국이 모든 미국 국민의 국가가 아니라 전 세계의 앵글로색슨 프로테스탄트로 식별되는 사람들을 위한 국가라고 결정한다면, 그게 바로 이스라엘 유대 국가와 꼭 닮은꼴이 될 것이다. 아프리카계 미국인들, 라

틴계 미국인들, 혹은 유대계 미국인들은 여전히 상하원 선거에 참여할 권리를 갖지만 그런 자리의 대표자들은 미국이 영구히 앵글로색슨 국가로 남는다는 것을 분명히 이해시키고 제대로 알려야만 할 것이다.

이 사안을 더 잘 이해하기 위해서, 이런 선으로까지 확장해 보자. 프랑스에서 갑자기 헌법이 바뀐다는 결정이 내려지고, 그 나라를 갈로-가톨릭 국가로 규정한다. 그리고 프로테스탄트, 무슬림, 또는 유대인 시민들은 여전히 투표하고 투표 받을 권리는 누릴 수 있지만 80퍼센트의 영토가 갈로-가톨릭인들에게만 팔릴 수 있다고 상상해 보자. 그 부족주의적이고 반민주주의적 추세가 곧 유럽 전역으로 확대될 것이다. 앞선 종족 중심주의 원칙들(나치즘_옮긴이)로부터 공식적으로 복권되는 것과 관련하여 과거의 상흔을 간직한 독일이 곤란에 빠질 수는 있겠지만, 독일 하원은 성공적으로 장애물을 극복할 것이다. 그리고 또다시 천 년 동안 독일 종족들을 보존할 목적으로, 이미 시민권을 획득하고 정치적 삶에 참여하고 있었던 외국 이민자들이 아리안 기독교 태생의 독일인들과 결혼할 수 없다는 법령을 정할 것이다. 그레이트 브리튼(영국에서 잉글랜드, 웨일즈, 스코틀랜드를 한 단위로 볼 때 쓴다_옮긴이)은 브리튼이 더는 브리튼의 주체인 스코틀랜드인들, 웰시인들, 이전 식민지에서 온 이주자 시민들에 속해 있지 않으며, 오직 잉글랜드 어머니에게서 태어난 잉글랜드인들에게만 속해 있다고 엄숙하게 선언할 것이다. 스페인은 민족적인 위선의 껍질을 벗어 던지고 이제 스페인은 스페인인들이 아니라, 관대하게 카탈로니아, 안달루시아, 바스크 소수자들에게까지 제한된 자치를 허용하는, 명확한 카스티야 민주주의 국가의 소유임을 선언하면서 문제를 일으킬 것이다.

이러한 역사적 변화들이 현실이 된다면, 이스라엘은 마침내 '국가들의 빛'이 되는 운명을 이루게 될 것이다. 이스라엘은 자신의 배타적인 정체성주의 정책을 가지고도 세계에서 훨씬 더 편안하게, 또 분명 덜 고립되었다고 느낄 것이다. 하지만 이런 그림 속에는 그림자가 있다. 이런 방법들은 공화주의를 바탕으로 한 '정상적인' 민주주의 국가라는 맥락 속에서는 용납되지 않는다. 자유 민주주의는 계급 간의 규제와 관계를 위해 쓰이는 도구만은 아니다. 그것은 또한 모든 시민을 동일화하려는 목적이 있다. 이 시민들은 소유권이 자신들에게 있는 재산권을 가지고 있으며 그것을 통해 주권을 직접적으로 표현한다고 믿게 되어 있다. 그 상징적인 포괄 범위는, 상징과 현실 사이에는 항상 어떤 격차가 존재할지라도 민주주의적인 민족 국가가 도래할 때 주된 역할을 했다.

지배적인 종족에 속하지 않는 이스라엘의 소수 집단에게 이스라엘이 취하는 것과 같은 정책은, 오늘날 동부 유럽의 탈공산화된 나라들을 제외하고는 거의 찾아볼 수 없다. 이 나라들에서는 민족주의 우파가 헤게모니를 장악했거나 그렇지 않은 경우 상당한 위치를 차지하고 있다.

이스라엘 국가 법률의 정신에 따르면 이스라엘 국가는 그곳에 거주하는 이스라엘 시민들보다 비이스라엘인들에게 더 많이 속해 있다. 아랍인으로 식별되면서 그들의 부모, 조부모, 증조부모가 그 땅에서 태어난 이스라엘 시민의 20퍼센트보다 세계의 '신유대인들'[예를 들어, 세계은행 전 총재인 폴 월포위츠Paul Wolfowitz, 잘 알려진 영국의 자선가이자 상원 의원인 마이클 레비Michael Levy, 국제통화기금IMF의 전 사장인 도미니크 스트라우스 칸Dominique Strauss-Kahn, 스페인에 사는 러시아 언론 올리가르히(공산주의 붕괴 후의 신흥 재벌 세력_옮긴이)]인 블라디미르 구신스키Vladimir Gusinsky에게 더 많은 이스라엘의 국가 유산이 돌아간다. 그래서 전 세계 유대 태생의 다양한 나밥(원래 의미는 18~19세기 식민지 인도에서 돈을 벌어 본국으로 돌아온 영국 부자_옮긴이)은 이스라엘인의 삶에 개입할 권리가 있다고 느낀다. 그들은 미디어와 정치 기구들에 엄청난 투자를 함으로써 점점 더 이스라엘의 지도자들과 이스라엘의 지향성에 영향을 미치려고 한다.

유대인들의 국가라는 것이 자신들의 것임을 잘 아는 지식인들 또한 '신유대인들'의 계열 속에 자리 잡는다. 베르나르 앙리 레비Bernard-Henri Lévy, 알란 더쇼비치Alan Dershowitz, 알렉산더 아들러Alexandre Adler, 하워드 제이콥슨Howard Jacobson, 데이빗 호로위츠David Horowitz, 헨릭 브로더Henryk M. Broder, 그리고 수많은 다른 시오니즘의 챔피언들이 대중 매체의 여러 분야에서 활동하며 자신들의 정치적 성향을 꽤 분명히 드러내고 있다. 지난 시기에 공산주의자들에게 모스크바가 가지고 있던 의미나 1960년대 마오이스트들에게 베이징이 가지고 있던 의미와는 반대로, 예루살렘은 실제로 그들의 소유이다. 그들은 그 지역의 역사나 지리를 알 필요가 없으며, 그 언어(히브리어나 아랍어)를 배우고, 일하거나 세금을 내고, 또는 하늘이 도우사 그곳에서 군 복무의 의무를 질 필요도 없다. 그들은 그저 이스라엘에 잠깐 방문해서 손쉽게 신분증을 받은 후 그곳에서 두 번째 거주지를 얻어서 즉시 자기 민족 문화와 모국어로 돌아오더라도, 이 유대 국가의 공동 소유권자로 영원히 남게 된다. 그리고 이 모든 일은 운 좋게도 유대인 어머니에게서 태어났다는 것만으로도 가능하다.

반면 이스라엘의 아랍 주민들은, 만약 그들이 점령지의 팔레스타인인과 결혼을 한다면 그 배우자를 이스라엘에 데리고 올 권리가 없다. 그들이 시민이 되어 약속의 땅에서 비유대인 인구수를 늘릴 거라는 두려움 때문이다.

사실 이 마지막 주장에는 부연 설명이 필요하다. 만약 유대인으로 구분된 한 이민자가 러시아나 미국에서 비유대인인 아내와 함께 온다면, 그 아내는 시민권을 얻을 권리를 갖게 될 것이다. 그리고 그 아내와 아이들이 유대인으로 받아들여지는 것은 결코 아닐지라도, 그들이 아랍인이 아니라는 사실은 그들이 유대인도 아니라는 사실보다 우세할 것이다. 유럽이나 미국에서 온 '백인' 이민자들은 유대인이 아니어도 언제나 어느 정도의 관대한 대우를 받아왔다. 아랍인들의 인구 통계학적 비중을 줄여야 한다면, 새로 들어오는 사람들이 백인 유럽인들이라는 조건에서 유대 국가가 비유대인들로 희석되어 약해지는 것이 차라리 낫다고 여긴 것이다.

동시에 이 유대 국가가 철저히 유대적이지 않다는 것을 알 필요가 있다. 이스라엘 국가에서 유대인이 된다는 것은 율법을 존중하거나 유대의 신을 믿어야 한다는 사실을 의미하지 않는다. 다비드 벤 구리온처럼 불교 신앙 언저리에서 깔짝거리는 것도 허용된다. 아리엘 샤론처럼 코셔를 지키면서 메뚜기를 먹을 수도 있다. 대부분의 이스라엘 정치인들이나 군사 지도자들이 그렇듯 머리를 내놓고 다녀도 좋다. 대부분의 이스라엘 소도시들에서 안식일에는 대중교통이 운영되지 않지만, 자가용은 내키는 만큼 써도 된다. 휴식하는 신성한 날에 축구 경기장에서 몸을 흔들며 욕설을 퍼부어도 감히 문제 삼을 종교적 정치인들은 없다. 유대 달력에서 가장 성스러운 날인 욤 키푸르일지라도 도시의 공원마다 아이들이 마음껏 자전거를 타고 다닌다. 아랍 출신만 아니라면 반유대적인 문제 행동들은 이 유대 국가에서 합법적이다.

그렇다면 이스라엘 국가에서 '유대인'이라는 것은 무슨 말일까? 여기에는 의심할 여지가 없는 사실이 하나 있다. 이스라엘에서 유대인이라는 건 무엇보다도 유대인이 아닌, 특히 아랍인인 사람들에게는 거부된 특권을 누리는 혜택받은 시민들이라는 뜻이다. 당신이 유대인이라면, 당신은 스스로 유대적 본질의 표현이라고 주장하는 그 국가와 당신을 동일시할 수 있다. 당신이 유대인이라면, 당신은 비유대인인 시민들에게는 허락되지 않은 땅을 살 수 있다. 당신이 유대인이라면, 비록 히브리어를 더듬거리고 이스라엘에서 단지 일시적으로만 머물 생각이더라도 700명의 직원 중에서 단 네 명의 이스라엘 아랍인만을 부차적인 직위에 고용하고 있는 이스라엘 은행의 총재가 될 수 있다. 당신이 유대인이라면, 외무부 장관이 되어 이스라엘의 합법적인 국경 바깥에 있는 정착촌에서, 스스로에 대한 자치권뿐 아니라 모든 민사적 권리를 박탈당한 팔레스타인 이웃들과 나란히, 영원히 살 수 있다. 당신이 유대인이라면, 당신이 소유하지 않은 땅에 식민지를 세울 수 있을 뿐만 아니라, 자기 나라에 거주하는 현지 주민들은 사용할 수 없는 길을 따라 유다와 사마리아로 여행을 갈 수도 있다. 당신이 유대인이라면, 도로 검문에서 걸리지 않을 것이고, 고문을 당하지도 않을 것이며, 한밤중에 집안을 수색당하는 일도 없을 것이고, 목표물이 되거나 실수로 집이 파괴되는 것을 보지 않아도 될 것이다. 거의 오십 년 동안 계속되고 있는 이런 상황들은 오직 아랍인들에 대해서만 계획되고 준비된 것이다.

21세기 초의 이스라엘 국가에서 유대인이라는 것이 1950년대의 미국 남부에서 백인인 것 또는 1962년 알제리에서 프랑스인인 것과 일치해 보이지 않는가? 이스라엘에서 유대인의 지위가 1994년 이전 남아프리카의 아프리카너(남아프리카 공화국에서 공용 네덜란드어를 사용하는 토착 백인_옮긴이)의 지위와 닮지 않았는가? 그리고 곧 1930년대 독일 아리아인의 지위와 닮게 될 수도 있지 않을까? (하지만 닮는 것에는 한계가 있다. 난 최소한 1940년대의 독일과 비교하는 것은 완전히 거부한다.)

이런 상황에서, 종교적인 신앙인이 아닌 단지 휴머니스트이고 민주주의자고 자유주의자인, 최소한의 정직함을 가진 개인들이 자신을 계속해서 유대인이라고 규정할 수 있을까? 이런 상황에서, 박해받은 사람들의 후손들이 이스라엘을 자신들의 배타적인 소유물로 보는 세속적인 신유대인 부족에 자신을 포함시킬 수 있을까? 자신을 이스라엘 국가 내의 유대인으로 규정하는 것이 자기 주변에 참을 수 없는 불의를 만들어 내는 특권을 가진 카스트에 귀속되는 바로 그런 행동인 것은 아닐까?

마지막으로, 이스라엘 밖에서 세속적 유대인이 된다는 것은 어떤 의미일까? 1944년에 율리안 투빔이 취했던 그 입장, 그 해 말에 유럽에서 난민이 되었던 내 부모님의 입장이 2013년에도 여전히 어떤 도덕적 유효함을 가지고 있을까?

11장

디아스포라의 유대인은
누구인가?

Who Is a Jew in the Diaspora?

2011년이다. 나는 내 저서 중 하나의 출판 기념행사를 위해 런던의 어느 훌륭한 책방에서 열린 토론회에 참석하고 있다. 그날 저녁 진행의 주관자는 옥스포드 출신의 한 철학자로, 매력적이고 섬세한 사람이다. 그는 뚜렷한 공감을 드러내면서 나를 소개한다. 그는 자신이 나와 마찬가지로 이스라엘의 군사주의적 정책에 비판적이라고 말하면서, 그가 이스라엘의 인종 차별, 자신을 유대적이라고 부르는 자기만족, 이스라엘이 점령지에 적용하는 분리 정책 등등에 분노하고 있다는 것을 분명히 한다. 하지만 그는 유대 사람들은 존재하지 않는다는 나의 관점에 대해 자상하게나마 거리낌을 나타낸다. 그는 자신이 이 사람들의 일부라고 느끼며, 꽤 자유주의적이며 좌파적인 참석자들의 대부분이 그의 의견에 동의를 표한다. 이어진 친근한 대화 중에 나는 그에게 무엇이 세속적 유대인의 대중문화를 구성하고 있는지, 그의 아이들에게 어떤 유대적 교육을 할 수 있는지를 묻는다. 그는 대답하기 어렵다는 것을 알게 된다.

한 노부인이 다소 분개하여 일어나서는, 내 주장이 자기에게서 유대 정체성을 앗아간다면 자기에게는 남는 것이 없다고 선언한다. 나는 놀란다. 난 그 노부인에게 다시 확실하게 말하려고 한다. 사람들의 정체성 규정을 억압하는 것은 내 역할이 아니라고 설명하고, 게다가 나는 그 노부인이 유대 정체성 말고도 다른 많은 정체성이 있을 거라고 확신한다. 동시에 나는 노부인에게 그녀의 자유가 내 자유이기도 한지를 묻는다. 즉, 나 역시도 잘못된 믿음에 고통스러운 기억이 점점 더 이용되고 있는 상황에 나 자신을 묶어놓기보다는 내가 좋아하는 대로 나 자신을 규정할 권리가 있지 않은가?

참석자 중에는 중동적 외모를 가지고 있지만 '유대인'이 아니라고 믿을 만한 수많은 이유를 들 수 있는 몇몇 사람들이 있었다. 그러나 그들 중 누구도 토론에 끼어들지 않았다. 난 불편함을 느꼈다. '정치적으로 올바르고' 명백히 비非시오니스트적으로 보였던 그 토론 전체가 '신유대인'을 위해 마련된 배타적인 대화일 뿐이었나? '고임'은 참가하지 않기로 되어 있었나? 이 질문은 내 안에서 그때까지 한 번도 고려하지 않았던 훨씬 더 복잡한 문젯거리들을 불러일으켰다.

현대의 정체성 정치에는 집단들을 크고 작게 정의하고 제한하는 철조망과 장벽, 도로 검문이 포함되어 있다. 이런 장애물 중 일부는 합법적으로 넘어갈 수 있지만, 이러저러한 선택받은 집단에 합류하기 위해서는 돌아가거나 폐기해야 하는 것들도 있다. 원칙적으로는 많은 사회적, 정치적, 민족적, 그리고 종교적인 사회들이 모든 잠재적 지지자들에게 열려 있다. 예를 들어 미국, 영국, 프랑스, 또는 이스라엘 시민이 되지 않겠다거나 되겠다고 결정할 수 있다. 사회주의 운동의 활동가가 될 수도 있고, 자유주의 경향의 지도자가 될 수도, 또는 보수적 정당의 당원이 될 수도 있다. 또한, 이들 중 어느 것에서도 사임할 수 있다. 모든 교회는 개종자들을 반긴다. 누구라도 열성적인 무슬림이나 유대인이 될 수 있다.

하지만 어떻게 유대인으로 규정되는 부모에게서 태어나지도 않았는데 세속적 유대인이 될 수 있을까? 이것이 내게 떠오른 질문이었고 난 대답을 할 수 없었다. 자유 선택의 형태로 자발적인 행동을 통해 세속적 유대 사회에 합류할 방법이 있는 걸까, 아니면 반대로 이 배타적이고 폐쇄적인 클럽의 구성원들은 그 태생만으로 선발되는 것일까? 다시 말해서 우리는, 자신을 고대 부족의 후손으로 이루어졌다고 보는, 의도하지는 않았으나 우연히 형성되었다고 볼 수 없는 어떤 명문 클럽을 상대하고 있는 것은 아닐까?

분명히, 과거에는 누구도 이 폐쇄적인 클럽에 가입하려고 하지 않았다. 어떤 비유대인도 유대인으로 낙인 찍힌 사람들의 운명을 부러워하지 않았다. 러시아 제국의 유대인 정착지에서도, 점령된 파리에서도, 물론 아우슈비츠에서도. 하지만 꽤 운 좋게도, 이는 지난 유대인 박해를 후회하고 그 죄를 속죄하고자 하는 우리 시대의 서구 사회에서 더 이상 통하는 이야기가 아니다. 뉴욕의 대학들에서, 할리우드의 스튜디오에서, 워싱턴의 정치 대기실들에서, 월스트리트의 많은 회사에서, 베를린이나 파리의 언론실에서, 또는 런던의 문화 살롱들에서, '유대인'인 것은 꽤 유행이다.

여기에는 대단한 노력이 들지 않는다. 종교를 공부하거나 유대인의 역사를 알아야 할 필요도 없고, 어떤 특정 신을 믿어야 하는 것도 아니다. 새로운 언어를 배울 필요도 없고, 율법을 성실히 지키기 위해서 감각적 물질적 쾌락을 자제할 필요는 더욱 없다. 원이 사각형이 아닌 게 틀림없는 것처럼, 유대인으로 태어났으면 유대인인 것이다. 그리고 유대인이 아닌 사람은, 어떤 노력을 기울여도 유대인이 될 수 없다.

21세기 서구 사회에서 우리는 생겨난 지 2세기가 지난 고전적인 의미의 민족주의가 상대적으로 쇠퇴하고 있는 모습을 초라한 형태로 보고 있다. 국경을 넘어서는 통신 시스템에 의해 문화적 세계화가 퍼졌고, 이와 함께 경제적 세계화의 위기가 닥쳐왔다. 그리고 이는 이전에는 단단했던 민족주의적 애착을 점차 갉아먹기 시작했다. 지난 시대는 국가와 그에 대한 절대적인 충성, 그리고 지배적인 민족 문화에 대한 충성심을 동반한 정체성 규정을 요구했다. 이에 반해 지금은 더 부분적인 공동체 정체성들과 부차적인 하위문화, 그리고 다국적 정체성까지도 주권 민족 국가의 최고 원칙을 위협하지 않는 한 설 자리가 훨씬 많아졌다.

오늘날 어떤 사람이 유대인으로서 규정되고자 한다면 이에 대한 욕망을 표현하기는 훨씬 더 쉬워졌다. 하지만 '신유대인'

의 문제는 특정한 세속적 유대인 정체성의 문화적 표현이나 외면적인 표식이 없다는 데 있다. 이 때문에 미국 등지에서 완전히 무신론자인 사람이 때로 안식일에 아들을 할례시키러 차를 타고 시나고그에 가고(소위 AIDS의 위험을 줄일 수 있다고 하는, 문화적인 행동이랍니다, 아버지 아브라함이여), 음식은 당연히 코셔가 아닌데도 바르미츠바(유대교에서 13세가 된 소년의 성인식_옮긴이)를 사치스럽게 기념한다. 마찬가지로 결혼식 또한 그 동네에서 찾을 수 있는 개혁적인 랍비를 통해 정당한 절차를 따라 치르려 한다. 그러니까 이것은 유대인이 별 특별한 노력을 더하지 않고서 이 특정한 고대 종족에 속해 있음을 표현하는 방식이다. 여기서 말하는 대상이 진지한 신앙인은 아니므로, 결과적으로 이 유사-종교적인 관행은 어떤 사실적인 중요성을 갖지 않는다. 뭔가 편안함을 얻을 수 있는 정체성의 익숙한 맥락을 갈구하는 것은 분명 존중할만하다. 민족 국가가 점점 더 다수의 집단에게 의미를 주지 못하게 되는 때, 민족의 적들이라는 대비책이 고갈되고 위대한 정치적, 사회적 유토피아들이 죽음의 문턱에 있는 때에, 반은 종교적이고 반은 부족적인 공동체의 재건은 일상생활을 향상시킬 수 있다. 그리고 그들의 유대 정체성을 유지하기 위해서 부모들이 아들들을 할례시키는 것은, 이 '불순물'의 제거가 비이성적이고 무엇보다도 어떤 사람의 육체적 온전함이라는 근본적인 권리에 대한 침해일지라도, 자비심을 가지고 봐줄 수 있다.

하지만 상상으로 만들어진 유대 정체성을 유지하겠다는 명목으로, 세속적 부모들이 자신의 자녀가 비유대인으로 지적된 상대와 사랑하는 것을 '결혼해버릴'까 봐 막는다면, 이것은 일반적인 인종 차별로 낙인 찍혀야만 한다. '종족적 유대인'이라면 걱정할 만도 하다. 미국의 유대 후손의 50퍼센트 이상이 비유대인과 결혼하며, 이는 유럽에서도 마찬가지다. 공동체 기관들은 쥬이시 에이전시Jewish Agency for Israel(1929년 유대인들의 귀환을 지원하기 위해서 생긴 비영리기구로 유대인 배우자를 구해주고 있다_옮긴이)의 원조를 받아 부끄러운 줄도 모르고 이런 경향을 억제하기 위해 온 힘을 다하고 있다. 유대 혐오가 없는 상태라는 것을 전제로, '유대 민족'을 천천히, 하지만 확실하게 파괴할 수 있는 것은 사랑에 대한 깊은 욕구와 전통의 얽매임으로부터 자유로운 공동의 삶이다. 이스라엘의 총리였을 당시 골다 메이어는 비유대인과 결혼한 남성이나 여성은 '6백만에 달한다'고 공식적으로 말했다고 한다. 또한, 골다 메이어는 유대 민족을 위협하는 두 가지 요소는 절멸과 동화라고 주장했다.

어떤 대가를 치르더라도 유대 정체성을 별개의 배타적인 것으로 보고 보존하려는 움직임이 있다. 쇼아를 기념하는 의례는 이를 위해 만들어진 계획들의 또 다른 연결고리이다. 유럽에서 있었던 공포의 기억을 불러내는 것에 누가 반대할 수 있겠는가? 오히려 서구 사회가 그것을 잊는다는 것은 상처에 소금을 뿌리는 행동이 될 것이었다. 하지만 시오니스트들과 그 지지자들의 목적은 미래의 '유대' 세대 의식 속에 이 편집증을 주입하는 일이다. 이를 위해 재건된 학살 장소들을 찾아다니는 컬트 순례자들을 동원하여 파괴의 기억을 세속적 종교로 변형시키고 있는 것이 현 상황이다. 따라서 과거의 트라우마를 지속적으로 되새김으로써 만들어진 정체성이 그 정체성을 가진 사람들과 그들 주변에 사는 모든 사람에게 일반적인 위험과 고통을 주지는 않는지 질문할 필요가 있다. 중동에서 핵무기를 가진 유일한 나라가 이스라엘임에도 불구하고, 이스라엘은 미래에 홀로코스트라는 유령이 다시 도래할 것이라고, 정기적으로 전 세계의 지지자들에게 공포를 주입하고 있다. 이런 식의 입장은 앞으로 재난을 불러올 가능성이 있다.

세속적 유대 정체성의 중심축은 오늘날 이스라엘 국가에 대한 개인의 관계를 영속화하고 그 개인이 이스라엘을 전폭적으로 지지하게 하는 데 있다는 것을 알아야만 한다. 1967년 전쟁 전까지는 서구의 유대 후손들의 감성에서 이스라엘은 상대적으로 부차적인 위치를 차지하고 있었다. 그러나 그 이후로 이 작은 나라, 이제 막 대단한 세력을 과시했으며 심지어 상당한 강대국으로 보이기까지 하는 이 나라는, 상당수의 유대 후손들에게 자부심의 원천이 되었다. 잘 알려져 있다시피 어떤 권력이라도 다수 지지자를 끌어들이면서 크고 작은 정도의 아첨과 숭배의 구심점을 구성한다. 강력한 장갑차 위에 올라타 있거나 제트 전투기에 자랑스럽게 기대어 있는 날렵하고 씩씩한 이스라엘 방위군 군인들의 이미지는 전 세계의 신유대인들에게 신분증과 같은 역할을 했다. 이것이 주는 명성을 이스라엘 국가는 최대한으로 활용해왔다.

쥬이시 에이전시는 이제 '박해받은 유대인들'을 이스라엘에 데려오고자 하는 마지막이자 불필요한 노력을 끝냈다. 소련이 무너진 이후 전 세계에는 선택된 민족의 후손이 이 유대 국가로 이주하는 것을 막을 나라가 없다. 시오니즘은 본래 그 레종 데트르(존재 이유_옮긴이)를 구성했던 목표에서 옮겨 가, 진취적 기상의 부흥을 통해 두 번째 젊음을 획득했다. 이들은 과거 어느 때보다도, 자신을 아브라함의 후손으로 보고자 하는 사람들로부터 모은 기금으로 한창 확장 중인 유대인의 땅을 지원하여 달라고 강하게 요구했다. 그리고 무엇보다도 각자 자기가 사는 나라의 외교 정책과 여론에 영향을 주는 그들의 네트워크를 활성화하는 것이 필요했다. 네트워크의 활성화라는 목표는 놀라운 결과를 만들었다. 공동체주의가 적법성을 더욱 키워가는 시기, 특히 '문명의 충돌'을 뒷받침하는 '유대-기독교' 문명에 대한 숭상의 시대에, 그 어느 때보다 더 유대인으로 존재한다는 것과 역사를 지배하는 강력한 자의 편에 속한다는 것에 자부심을 느낄 수 있게 했다.

분명, 자신을 세속적 유대인으로 규정하는 소수의 개인은 개인이나 집단으로 이스라엘의 분리 정책들과 점령에 맞서 저항한다. 그들은 이 정책들이 유대 혐오를 재개하는 진정한 위협이라고 정확하게 보고 있다. 이 유대 혐오는, 우둔하고 맹목적인 형태로, 즉 특정 인종이라고 규정된 유대 후손 모두를 대상으로 나타난다. 더 심각하게는 이 유대 후손들을 시오니스트와 구분하지 못하기 때문이다.[1] 하지만 학살 직후의 세대라는

---

1 신유대 혐오의 등장은 이스라엘-팔레스타인 분쟁(저자 또한 이스라엘의 팔레스타인 점령을 이스라엘-팔레스타인 분쟁이란 용어로 사용하는 오류를 범하고 있다_옮긴이)과 직접적으로 연관되어 있으며, 급진적인 무슬림들에게서 정기적으로 표출된다.

점을 이해한다고 하더라도, 계속해서 세속적 유대인들이 유대 '공동체'와 자신을 동일시하려는 그 욕망은 무게감이 거의 없고 정치적 미래가 전혀 없는 일시적인 태도로 보인다.

이해할 만하고 존중할 만한 특정한 감성이 이 유대 후손들 사이에서 표출되는 것은 당연하다. 하지만 자신을 반시오니스트 유대인이라고 부르고 이스라엘에 살지 않으며 이스라엘의 언어를 모르며 그 문화를 겪어 보지 않은 사람들이, 비유대인과는 다른 특정한 권리를 주장하면서 이스라엘을 비난할 수 있을까? 만일 그렇다면, 노골적인 친시오니스트가 이스라엘의 미래와 운명에 관한 결정에 능동적으로 개입할 수 있는 특권을 자신에게 부여했다고 해서 어떻게 그들을 비판할 수 있겠는가?

12장

배타적인 당파를 탈퇴한다

Exiting an Exclusive Club

21세기 초반 반세기 동안, 나의 아버지는 탈무드 학교를 버렸고 영원히 시나고그에 나가지 않게 되었으며 랍비에 대한 반감을 정기적으로 드러냈다. 21세기 초반, 이 시점에 내 생애에서 부족적 유대 중심주의와 확실히 결별해야 할 차례가 왔다는 도덕적 의무감을 느낀다. 오늘날 나는 내가 진정으로 세속적 유대인인 적이 결코 없었음을 안다. 또한, '세속적 유대인'이라는 상상의 특질에는 어떠한 특정 기반이나 문화적 관점도 없고, 그 존재는 공허하며 종족 중심적인 세계관에 기초하고 있다는 것을 알고 있다. 예전에 나는 내 가족의 이디시 문화가 유대 문화의 구체화라고 착각하고 있었다. 조금 지나서는 베르나르 라자르, 모르드카이 아니엘레비치Mordechai Anielewicz, 마르셀 레이몽Marcel Rayman, 마렉 에델만Marek Edelman에게서 영감을 받아 오랫동안 이 억압받고 부정당해 온 소수자의 일부와 나 자신을 동일시했다. 말하자면, 레옹 블룸과 율리안 투빔과 같은 다른 많은 사람과 함께, 나는 박해와 살해자, 범죄와 그 희생자를 근거로 이 유대 정체성을 인정했던 유대인으로 고집스럽게 남아 있었던 것이다.

이제, 내가 이스라엘에 대해 집착했던 것이 박해자와 그 지지자들이 만들어 낸 허구적 종족에 동화되었던 결과라는 사실을, 그리고 세상에는 내가 선민과 그 신봉자들로 구성된 배타적인 당파의 한 일원으로 보였다는 것을 고통스럽게 깨달았다. 그래서 나는 유대인이기를 그만두고 나 자신을 더는 유대인으로 간주하지 않으려고 한다.

이스라엘 국가가 내 공식 민족 정체성을 '유대인'에서 '이스라엘인'으로 바꿀 의향은 없을 것이다. 하지만 난 본질주의 개념을 너무 자주 우려먹는 친절한 친유대주의자들, 헌신적인 시오니스트들, 고상한 반시오니스트들 모두가 내 바람을 존중하여 나를 유대인이라는 카탈로그에서 지워 주기를 감히 희망한다. 사실 그들이 어떻게 생각하는지는 나에게 상관이 없고, 아직도 남아 있는 반유대주의자들의 생각에는 더더욱 관심이 없다. 20세기 역사적 비극의 불빛 속에서 난 이제 더는 다른 사람들은 합류할 가능성도, 자격도 없는 배타적 당파의 소수자 일원으로 남아 있지 않을 것이다.

유대인이 되기를 거부함으로써 난 사라지고 있는 종족을 대표한다. 내 역사적 과거만이 유대적이고, 나의 일상은 (그게 더 좋은 것이든 나쁜 것이든 간에) 이스라엘적이라고 주장하는 것, 그리고 결국 나와 내 아이들의 미래는 (최소한 한 명이라도) 보편적이고, 열려 있고, 관대한 원칙들과 함께해야 한다고 주장하는 것은 종족 중심주의를 지향하는 지배적인 경향에 상반된다는 점을 잘 알고 있다.

근대를 전공한 역사학자로서, 나는 나와 내 증손자의 문화적 차이가 나와 내 증조부를 갈라놓은 문화적 거리보다 크거나 최소한 그만큼은 될 거라고 가정한다. 그 거리는 클수록 더 좋다! 자신의 후손들이 모든 면에서 자신을 닮을 것이라고 믿는 사람들이 있다. 나의 불운은 그렇게 생각하는 사람들, 너무나 많은 그들 사이에서 살아가는 것이었다. 그들에게 민족이란, 더

욱이 유대인 같은 인종이란 영원한 것이니까.

나는 내가 서구 사회에서 가장 인종 차별적인 사회에서 살고 있다는 것을 알고 있다. 인종 차별주의는 모든 곳에서 분명 어느 정도씩은 드러나지만, 이스라엘에서는 그 정도가 법의 정신 속에 깊이 박혀 있다. 학교와 대학에서 배우게 되고, 미디어에서 퍼져 나간다. 하지만 무엇보다 가장 두려운 점은, 이스라엘에서는 인종 차별주의자들이 자신들이 하는 짓을 모르며 그래서 사과할 필요성도 느끼지 못한다는 것이다. 이렇듯 자기 합리화의 필요성이 부재한 이스라엘의 면모는 전 세계의 많은 극우 운동 진영에 특별한 본보기가 되었다. 반유대적이었던 과거로 아주 잘 알려진, 그 극우 운동들 말이다.

이런 사회에서 산다는 것은 점점 더 참기 어려운 일이 되었지만, 내가 다른 곳에서 자리를 잡는 것 또한 그만큼 어렵다는 것을 인정해야겠다. 나 자신이 그 시오니스트 사업의 문화적, 언어적, 심지어 개념적 산물의 일부이며, 나는 이것을 해제할 수 없다. 일상생활, 그리고 문화의 기본적인 특징을 보면 난 이스라엘인이다. 내가 평균 키에 갈색 눈을 가졌다는 것이 자랑스러울 이유가 없듯이, 난 이스라엘인이라는 사실이 특별히 자랑스럽지 않다. 심지어 종종 이스라엘인이라는 점이 수치스럽기까지

하다. 특히 '선민'의 일부가 아닌 약하고 무방비한 상태의 희생
자들에게 가해지는 이스라엘의 잔인한 군사 식민화의 증거를
보게 될 때 그렇다.

유토피아적 꿈에 숨어들었던 젊은 시절이 있었다. 나는 유대
미국인이 뉴욕에서 느끼는 만큼의 편안함을 팔레스타인 이스
라엘인들이 텔아비브에서 느끼기를 바랐다. 나는 예루살렘의
무슬림 이스라엘인들의 시민 생활이, 파리가 고향인 유대 프랑
스인의 생활과 비슷해지기를 간절히 바랐다. 나는 인도 아대륙
출신 이민자들의 영국 아이들이 런던에서 받는 대우를 기독교
아프리카 이민자들의 아이들이 이스라엘에서 받기를 원했다.
난 진심으로 모든 이스라엘 아이들이 같은 학교에서 함께 교육
받기를 바랐다. 오늘날 나는 내 꿈이 터무니없다는 것을 안다.
과도하며 주제넘은 요구들이며, 이런 생각을 한다는 것 자체가
시오니스트와 그 지지자들 눈에는 이스라엘 국가의 유대적 성
격에 대한 공격이 될 테고, 그래서 나를 반유대주의자로 만든
다는 것을 안다.

하지만 이상해 보일지라도, 이스라엘 정체성을 '종족적'이 아
닌 정치 문화적인 것으로 다룬다면, 폐쇄적인 세속적 유대 정
체성과 정반대인 개방적이고 포괄적인 정체성을 획득할 가능성

이 있다. 사실 법률에 따르면, 이스라엘 시민이 세속적인 '종족상의' 유대인이 아니더라도 자신의 '토대 문화'를 지키면서 이스라엘의 '상부 문화'에 속하는 일이 가능하다. 지배적인 언어를 쓰면서 동시에 또 다른 언어를 양성하고, 삶의 다양한 방식을 유지한 채 서로 다른 삶의 양식을 섞는 것도 가능하다. 이 공화주의적인 정치적 가능성을 구체화하고 공고화하기 위해서는 당연히 부족적 신비주의를 버리고, 타자를 존중하고 동등하게 반기는 것을 배워야 한다. 그리고 이스라엘의 헌법적 법률(이스라엘 국가에는 헌법이 없다_옮긴이)을 민주주의 원칙에 맞게 바꾸는 일이 필요하다.

잠시 잊고 있었지만, 가장 중요한 것은 이것이다. 이스라엘의 정체성 정책을 바꾸려는 생각 이전에, 우리는 저주받은 점령으로부터 우리 자신을 해방해야 한다. 점령은 끝도 없이 우리를 지옥으로 인도하고 있다. 사실 이스라엘의 이등 시민인 사람들과 우리의 관계는, 시오니스트 구조 작전(시오니스트의 이스라엘 만들기는 폴 뉴만 주연의 〈영광의 탈출〉에서 '탈출과 구조'로 개념화되어 있다_옮긴이)이라는 사슬의 밑바닥에서 엄청난 고난을 겪고 있는 사람들과 우리의 관계와 밀접하게 관련되어 있다. 그 억압받는 사람들은 오십 년 가까이 점령하에서 살고 있다. 그들은 국제 정치의 무관심 속에 '유대인들의 국가'가 자기 소유로 여기는 땅에서 정치적 권리와 시민권을 빼앗긴 채 버려졌다. 오늘날 나는 점령을 끝내고 이스라엘과 팔레스타인 두 공화국의 연방을 만드는 것에 대한 나의 꿈이, 양측의 힘의 균형을 과소평가한 키메라였음(사자의 머리, 염소의 몸, 뱀의 꼬리를 가진 불을 뿜는 괴수로 유전학에서는 각기 다른 발생 계통으로 이루어진 생물체를 뜻한다_옮긴이)을 인정한다.

이는 점점 너무 늦은 것처럼 보인다. 이미 모든 것을 잃은 상태이고, 정치적 해결에 대한 어떤 진지한 접근도 막혀 있다. 이스라엘은 점점 더 이에 익숙해져 갔고, 이제는 다른 민족에 대한 식민주의 지배에서 물러날 수 없게 되었다. 불행히도 바깥세상 역시 필요한 일을 하고 있지 않다. 자책과 양심의 가책에 시달리는 세계는 이스라엘을 1948년에 얻은 국경 밖으로 철수시키지 못하고 있다. 또한, 이스라엘은 공식적으로 점령지를 병합하려고 하지도 않는다. 그러면 이스라엘은 점령지 주민에게 동등한 시민권을 부여해야 하고, 그 사실만으로도 이중 민족 국가가 될 것이기 때문이다. 그건 마치 너무 큰 제물을 삼킨 신화속의 뱀이 그걸 뱉기보다는 숨이 막혀 죽는 쪽을 택하는 것과 같다.

이것이 나 역시도 희망을 버린다는 의미인가? 난 깊은 모순에 빠져 있다. 나는 유대 종족주의화가 점점 더 강해지는 한복판에 유배된 것처럼 느끼지만, 동시에 내가 말하고, 적고, 꿈꿀 때 쓰는 언어는 단연히 히브리어이다. 난 이스라엘에서 멀리 떠나 있을 때면 텔아비브에 있는 내가 사는 거리를 떠올리고 돌아갈 날을 기다린다. 이 향수병을 해결하기 위해 시나고그에 가지는 않는다. 그곳에서는 내가 모르는 언어로 기도하며, 내가 그곳에서 만나는 사람들은 이스라엘인으로 존재한다는 것이 내게 어떤 의미인지를 이해하는 데 전혀 관심이 없기 때문이다. 런던에 있을 때, 내가 일하던 텔아비브의 대학 교정을 떠올리게 하는 것은 (여학생들이 없는) 런던의 탈무드 학교가 아니라 다른 대학들과 그곳에 있는 남녀 학생들이다. 뉴욕에 있을 때, 내가 이끌리고 찾는 곳은 브루클린의 유대인 밀집 지역이 아니라 텔아비브에 있는 것과 같은 맨해튼의 카페들이다. 그리고 번잡한 파리의 책방에서 마음속에 떠오르는 것은 선조들의 성스러운 문학이 아닌 이스라엘에서 매년 열리는 히브리어 책 주간이다.

장소에 대한 내 깊은 애착은 그것을 향한 비관주의만 불러일으킬 뿐이다. 그리고 종종 난 현재에 대한 낙담과 미래에 대한 두려움으로 우울해진다. 나는 지쳤다. 이성의 마지막 잎새가 우리의 정치적 행동의 나무에서 떨어져 나가고 있다. 그래서 우리는 부족tribe이라는 몽유병 마술사의 변덕 앞에서 무력해져 버린 것 같다. 하지만 난 형이상학적 철학자가 아닌 비교를 하려는 역사학자이기 때문에 나 자신이 완전히 숙명론에 빠지게 둘 수가 없다. 20세기에 핵전쟁 없이도 휴머니티가 도래하였으니, 그곳이 중동일지라도 모든 것이 가능하다고 믿어 본다. 우리는 내가 이스라엘인인 것에 책임이 있는 몽상가 테오도어 헤르츨의 말을 기억해야 한다. "그것을 행할 의지가 있다면 그것은 더 이상 전설이 아니다."

1940년대, 더 나은 삶을 향한 희망을 버리지 않고 유럽의 지옥에서 벗어난 박해받은 자들의 자손으로서, 역사라는 무시무시한 대천사는 내가 포기하고 절망하게 허락하지 않았다. 그래서 다른 내일을 앞당기기 위해, 나를 비방하는 자들이 무슨 말을 하든지 난 방금 여러분이 읽은 이 같은 책들을 계속해서 쓸 것이다.

유대 민족 국가 이스라엘

알이따르

이스라엘은 유대민족 국가다

이스라엘에는 성문 헌법이 없다. 1948년 국가설립을 선포하면서 1950년까지 정하기로 했던 헌법은 이스라엘 국가의 목적과 정체성에 대한 내부적 이견으로 인해 무기한 연기되었다. 대신 성문 헌법의 초안으로 작성된 이스라엘 기본법들Basic Laws of Israel을 기반으로 국가 운영을 하고 있다.

2011년에 처음으로 이스라엘의 정체성을 '유대 민족의 국가'로 정의하는 기본법 개정이 제안되었다. 이 법안은 유대 민족만

이 이스라엘의 자결권 주체가 되며 히브리어를 공식 언어로, 히브리력을 공식 달력으로 제정하고 히브리 율법의 위상을 높이는 내용으로 되어 있다. 그리고 2017년, 같은 내용의 법안이 이스라엘 의회를 통과했다. 불과 70년 전에 토착민을 인종 청소로 제거하고 세운 나라가 이스라엘을 유대 '민족'을 위한 '민족국가'로 정의하면서 전 세계 유대인의 '귀환권'을 법적으로 주장하고 있는 것이다.

하지만 마치 이스라엘이라는 국가에 새로운 우파적 도전처럼 보이는 이 법안은 실제로는 이스라엘 설립 기획 당시부터 유지했던 일관성의 구체적인 표현일 뿐이다.

1948년 5월, 팔레스타인 땅에 이스라엘이 만들어졌다. 그러나 당시 팔레스타인 땅에는 팔레스타인인들이 마을과 도시를 이루어 살고 있었고 아랍 문화가 뿌리를 내리고 있었다. 이스라엘 시오니스트들은 유대 민족의 국가를 이곳에 새로 건설하겠다고 선언한 이후로 1940년대에서 가장 최근의 국경이 정해지는 1967년 전쟁에 이르는 기간 동안 팔레스타인 마을과 도시들에서 아랍인인 팔레스타인 사람들에 대한 인종 청소를 자행했다. 이는 비유적인 표현이 아니다. 이스라엘인들은 팔레스타인인들이 살던 집에 들어가 살고, 팔레스타인인들이 쓰던 가구들을 쓰고, 파괴된 팔레스타인 마을들 위 혹은 그 근처에 히브루 이름을 붙인 마을을 짓고는, 팔레스타인인들이 먹는 음식인 홈무스와 팔라펠을 자신들의 음식과 문화라고 주장하며 그 땅에 눌러앉았다. 이렇듯 이스라엘이 팔레스타인에 대한 인종 청소와 문화 탈취를 기반으로 건설될 수밖에, 이스라엘 시오니스트들이 원했던 것이 아랍인과의 공존이 아닌 유대 민족만의 국가 건설이었기 때문이었다.

이스라엘은 애초부터 유대인의 민족 국가를 만들기 위해 기획되고 세워진 국가이다. 즉, 아랍인인 팔레스타인인들의 땅과 문화를 탈취하고도 그들과 공존할 수 없는 원칙을 국가의 정체성으로 내세운 것이다. 이스라엘의 모든 정책과 교육, 프로파간다의 방향을 결정하는 기반이 바로 이 '유대 민족의 국가'이다. 이스라엘은 2005년까지도 신분증에 '민족'을 표기해야 했으며 이 표기를 없앤 2005년 이후에도 유대인들이 고수하는 히브리력 표기법과 이름을 보면 의도적인 인종 구분이 가능하다. 또한 전 세계 유대인이라면 이스라엘 국민이 될 자격을 가지고 있었다. 알리야Aliyah는 (디아스포라 상태로 간주되는) 전 세계 유대인들이 이스라엘로 돌아오는 '귀환'을 의미한다. 그렇다면 이스라엘이 정의하는 유대인이란 누구인가? 이론상 유대교는 모계 전통을 따르기 때문에 어머니의 종교가 유대교인 사람들이 유대교인이 된다. 하지만 실제로는 복잡한 과정을 거치는 개종자와 부계 전통을 물려받은 사람들을 유대교인으로 인정하기도 한다. 이스라엘 법이 정하는 유대인 규정과 정통파 유대교가 규정하는 범위에는 차이가 있다. 이스라엘은 모계 전통을 이어받은 유대교인들과 유대교로 개종한 자들에게 이스라엘 귀환권을 보장했다. 이 유대인 귀환권은 유대교인 조부모를 가진 사람들 및 유대교인과 결혼한 비유대교인에게도 허용되지만, 그들을 유대교도로 인정하지는 않는다.

민족과 종교가 별개인 우리에게는 낯선 개념이지만, 이 유대 '교인'들을 또 다른 말로 유대 '민족'이라고 불린다. 저자 슐로모 산드는 바로 이 지점의 비틀린 연결고리를 짚고 있는 것이다. 전 세계 각국의 '국민'으로 살아왔던 사람들이 서로 다른 언어와 서로 다른 문화적 배경을 가지고 이스라엘로 이주하여 새로운 '국민'이 아닌 기존의 '민족'으로 돌아온다는 개념이 가진 모순 말이다.

민족을 기반으로 한 국가의 정체성 확립이 위험한 이유는 그 국가가 시민들에게 민주적이고 자유주의적인 권리를 동등하게 보장할 수 없기 때문이다. 1948년 이스라엘이라는 이름으로 국가를 설립하면서 동시에 그 성격이 '유대적'임을 독립선언서에 명시했으며, '민주적'이라는 성격은 추후 1985년에 첨가되었을 뿐이다. '유대적'과 '민주적'이라는 이 두 성격은 양립할 수 없다. 이스라엘 시민권을 가지고 이스라엘 '국민'으로서 살아가는 아랍 인구는 이스라엘 전체 인구의 약 20%가량으로, 이들은 대개 1948년 이스라엘이 생겨나면서 점령된 영토에 남아있던 팔레스타인 사람들과 그 후손들이다. 이스라엘은 이들이 유대인이 아니라는 이유로 이들에게 온전한 시민적 권리를 보장하지 않는다. 예를 들어, 1948년 이후 도시 단위의 유대 공동체가 600개 이상 만들어졌지만, 아랍 마을이나 도시는 단 한 개도 건설되거나 인정받지 못했다. 또한 이스라엘에서는 마을 단위의 공동체가 종교와 성별, 사회경제적 상태에 근거해서 공동체의 틀에 맞지 않는 사람을 주민으로 받아들이지 않을 수 있는 법이 있다. 이스라엘 내의 풀뿌리 집단에서 아랍 인구를 퇴출시키는 법안이다.

즉, 이스라엘이라는 국가는 아랍인과 유대인으로 구성된 '이스라엘 국민'들을 주체로 하는 '이스라엘성'이 아니라 자국의 특정 국민들인 아랍인을 배제하고 '유대 민족'을 주체로 하는 '유대성'을 자신들의 정체성으로 결정한 것이다. 이는 고대의 성서적 신화에서부터 홀로코스트의 산업화까지를 정치적으로 독점할 수 있는 결정이며, 동시에 유대인이 아닌 자국민의 지위에 심각한 영향을 미치고, 궁극적으로는 팔레스타인 땅 위에서 팔레스타인의 존재를 지우려는 모든 시도의 원동력이 된다.

그렇다면 새삼스러울 것이 없는 이스라엘의 유대 국가 선언의 의미는 무엇일까? 이는 바로 팔레스타인 영토에 대한 1국가 해결안에 대한 확고한 부정이다. 점령으로 유지되고 있는 영토를 포기하거나 평화적 해결책을 찾을 의지가 없다는 표명이기도 하다.

이스라엘과 팔레스타인, 1국가 해결안과 2국가 해결안

2국가 해결안은 팔레스타인 땅 위에 이스라엘과 팔레스타인이라는 두 공동체의 공존을 가능한 방향으로 평화적 해결책을 모색하자는 주장이다. 애초에 이 두 집단이 생기게 된 것도 이스라엘 유대인들의 집단 이주에 의한 것이고 이 두 집단이 이질적이게 된 이유 역시 유대 민족국가를 내세우는 이스라엘에 의한 것이다. 그러한 이스라엘의 존재를 인정하고 국제사회에서 동등한 주체로 함께 가자는 것이 바로 2국가 해결안으로, 그 첫걸음이 바로 1994년의 오슬로 협정이었다. 오슬로 협정에 따라 팔레스타인은 무장 투쟁을 포기하고 이스라엘의 존재를 인정하며, 이스라엘은 팔레스타인 자치정부를 인정하고 일부 점령지를 반환했다. 그러나 팔레스타인 난민의 귀환권, 예루살렘의 지위, 유대인 정착촌 등의 가장 핵심적인 문제에 대한 결정은 보류되었다. 오슬로 협정은 팔레스타인과 이스라엘 간에 평화적 협상의 기초를 마련했다는 희망을 주기도 했지만, 팔레스타인 입장에서는 '자신을 점령한 자의 존재와 권리'를 인정해야 한다는 굴욕적인 쓰라림도 있었다. 게다가 협정 이후 팔레스타인 자치 지구 내에서 불법 유대인 정착촌 건설은 오히려 가속화되었고 팔레스타인에 대한 이스라엘의 점령과 탄압 또한 그치지 않았다. 2006년에는 이스라엘과 미국을 비롯한 서구 세력이 합법적인 선거를 통해 하마스가 당선되자 선거 결과를 받아들이지 않고 오히려 하마스 정부를 '테러 집단'으로 규정했다. 결국 오슬로 협정 이후의 현실은 이스라엘과 팔레스타인이라는 두 집단의 공존 가능성이 아닌 팔레스타인에 대한 이스라엘의 점령이 점점 공고해지는 과정만을 드러냈다. 실제로 팔레스타인이 유네스코와 UN에 회원국 신청을 할 때마다 이스라엘은 완고한 반대를 보였다.

2국가 안의 가장 큰 매력은 유일하게 현실적으로 보이는 해결책이라는 것이다. 하지만 여기에는 무시하고 넘어갈 수 없는 문제가 있다. 두 집단이 가지고 있는 권력관계와 힘의 차이를 고려하지 않는데다가 서로에 대한 증오와 비타협을 기반으로 하는 해결책 아닌 해결책이라는 사실이다. 무엇보다 그 한쪽이 식민지적, 인종차별적, 분리배타적 성격의 점령자라는 사실을 감추고 '정상적인' 여느 국가인 듯 보이게 하는 것normalization이 라는 실질적인 문제가 있다. 한쪽이 다른 한쪽을 점령하고 있 다는 이 관계의 근본을 캐지 않는다면 2국가 안은 비윤리적일 뿐만 아니라 현실적으로도 불가능하다. 점령이 현재진행형인 상황에서 피점령자인 팔레스타인의 저항을 무시할 수 없는 일 이다. 실제로 오슬로 협정 이후 이십 년이 넘는 시간이 흐르는 동안, 유일하게 현실적인 대안으로 주장되었던 2국가 해결안은 막다른 골목에 다다랐다. 그러나 그 '현실성'이라는 환상은 계 속되고 있다. "2국가 안을 부정하는 사람이라면 1국가 안을 내 세우지 않는다. 대신에 그들은 전쟁을 주장할 것이다. 끝없는 피투성이 전쟁 말이다."(이스라엘 대통령 시몬 페레스, 2009)

사실 정치적 해결책으로 무시되었던 1국가 해결안에 대한 목 소리는 그동안 꾸준히 높아져 왔다. 물론 이것은 팔레스타인인 들을 절대적으로 배제하는 이스라엘식의 통일을 얘기하는 것이 아니라, 팔레스타인과 이스라엘의 모든 시민들을 아우르는 세속적이고 민주적인 다문화 이중국어(아랍어와 히브리어) 국가를 지향하는 것이다. 현재 이스라엘이 독점하고 있는 군사와 국경 문제 역시 1국가의 정부가 주재하게 될 것이다. 예루살렘의 지위에 대해서 분쟁할 필요도 없고 팔레스타인 난민들의 귀환권도 자연스럽게 보장된다. 이질적인 국민들의 결합은 이미 이스라엘 자체 안에서도 존재하는 문제이자 현실이기 때문에, 팔레스타인-이스라엘의 이질적인 결합 역시 시민들 차원에서는 현실적인 것으로 판단된다.

그럼에도 불구하고 1국가 해결안은 비현실적인 것, 불가능한 것, 이상적인 것으로만 비춰진다. 그러나 그 비현실적인 이상은 내부의 저항과 외부의 압박이 더해진다면 기득권의 정치적 결정에 따라 순식간에 현실이 될 수도 있다. 그 가능성을 보여준 것이 1994년의 남아프리카 공화국이다. 남아프리카 공화국에서도 차별 철폐가 이루어지기 직전까지 대부분의 '점령자' 즉 백인들은 1국가 체제가 가능할 거라고 믿지 않았다. 1985년에서 1986년에 걸쳐 일어났던 대규모 봉기에도 불구하고 남아프리카 공화국의 아파르트헤이트 정권은 굳건했다. 1989년 남아프리카 공화국의 마지막 아파르트헤이트 대통령인 F.W. 데 클레

르크는 "(1국가 해결안은) 남아프리카 공화국의 조종death knell이 될 것이다."라고 말했을 정도였다. 이는 위의 시몬 페레스의 발언과 다르지 않다. 1990년 전국적인 조사에서도 백인들의 2.2%만이 다수결 원칙을 기반으로 하는 1국가 체제에 긍정적인 반응을 보였을 뿐이다. 그러한 완고한 체제를 전복시킨 것은 바로 내부적인 저항과 국제사회의 고립이었다. 국제사회가 남아프리카 공화국을 고립시키면서 압박을 가하는 데 동의한 것은 그 구체제가 인종 차별에 근거했다는 문제의식을 공유했기 때문이다.

이스라엘 역시 자국의 이익을 위하여 2005년 팔레스타인 가자지구에 있는 모든 유대인 정착촌을 철수시킨 적이 있다. 이스라엘 내에서 엄청난 저항과 시위가 있었지만, 수천 명이 철수하는 데는 일주일이 채 걸리지 않았다. 이는 정치권의 단호한 결정과 정책 시행이 실제로 현실을 바꿀 수도 있음을 보여주는 사례이기도 하다. 이스라엘의 동기가 가자지구의 고립이 아닌 1국가 안을 위한 것이었다면 이러한 정착촌 철수는 완전히 다른 결과를 낳았을 수도 있었다.

이러한 1국가 안에 대한 유일한 장애물이 바로 이스라엘이 내세우는 '유대 국가' 정체성이다. 그리고 2017년, 올해 제정된

이 정체성 법안은 바로 1국가 안에 대한 싹을 잘라버리는 행보이며, 보편적, 민주적 원칙에 따른 국제사회의 구성원이 아닌, 자신들만을 위한 독보적인 선민 국가를 유지하겠다는 의지의 표명이다.

유대 민족의 재탄생과 민족중심주의

현대에는 시나고그에 나가지 않고, 안식일을 준수하지 않고, 유대 행사에 참여하지 않는 '세속적 유대인들' 역시 '유대 민족' 이라고 스스로 느끼는 데 전혀 문제가 없게 되었다. 슐로모 산드가 문제를 제기하고 있는 정체성 역시 이 세속적 유대인들에 대한 것이다. 유대교를 믿지 않는 이 유대인들은 누구인가? 왜 이스라엘은 '이스라엘성'이 아닌 '유대성'을 정체성으로 내세워 왔으며 법안을 통해 다시 한 번 이를 재확인하고 있는 걸까?

이스라엘이 주장하는 유대 민족은 성경으로 거슬러 올라가는 허구적 연결고리에 기대고 있지만, 현실 속의 이스라엘 유대인의 시작은 나치가 규정한 유대인에서 시작된다. 폴란드인, 프랑스인, 독일인 중에서 유대인이 분리된 후, 그것을 기반으로 차별, 모욕, 약탈, 살해가 체제 차원에서 대규모로 이루어지는 경험이 홀로코스트라는 이름으로 역사에 남게 되었다. 이 실존적인 경험으로부터 (개종으로 그 지위를 얻을 수 있는) 유대 종교인, (문화적으로 습득될 수 있는) 유대 관습, (속한 종교나 문화와 상관없이 집안에서 내려오는) 유대 이름 등 유대교의 흔적이 남아있는 모든 것이 유대 '민족'으로 재탄생했다. 이스라엘이 만들어지고 서구의 지원으로 작지만 강한 이미지의 국가로 재탄생하면서, 홀로코스트 직후에는 두려움과 자괴감으로 침묵했던 유대인들은 다시 입을 열고 홀로코스트의 경험을 독점적인 무고한 희생자이자 피해자 정체성으로 가공했다. 민족 전체에 대한 면죄부가 발행된 것이다.

그 결과 특히 서구에서 유대민족에 대한 부정은 '반유대주의 antisemitism'로 정의되며, 이는 어떤 국민성이나 민족성, 그리고 종교성에 대한 부정이나 비난보다 강한 실체적 성격을 갖는다. 홀로코스트라는 죽음의 기억과 그러한 혐오범죄를 되풀이하지 말아야 한다는 단호한 의지 혹은 강박의 결과이다. 이스라엘의 점령과 반인권적 행태에 대한 비판 역시 얼마든지 반유대주의에 포함되어 오히려 비판대에 오른다. 실제로 이스라엘이 점령에 대해 합리화를 하고 시오니즘에 대한 비판을 향해 오히려 비난의 목소리를 낼 수 있는 근거도 이 반유대주의에 대한 강박이다. 또한 이스라엘의 탄생을 합리화하고 이스라엘의 존재에 스스로 타당성을 부여하는 것도 이 반유대주의에 대한 두려움이다. 이 피해자 정체성은 유대 민족에게 안전한 단 하나의 장소인 이스라엘의 존재에 대한 이미지를 끊임없이 재생산한다. "너희 아랍인들에게는 갈 곳이 많잖아."(영화 〈뮌헨〉의 대사. 이스라엘인이 팔레스타인인에게 하는 말)

하지만 이러한 가공의 정서에 기대어 형성된 유대 민족의 허상을 드러내는 요소들은 많이 있다. 많은 사람들이 생각하듯이 세계 각지에서 살아온 서로 다른 유대인들이 '고유의 민족적 특색'을 유지했다는 것은 사실이 아니다. 아서 코슬러가 쓴 『열세 번째 부족The Thirteenth Tribe』에서는 서기 7세기에서 11세기 사이에 서부의 그리스도교 세력과 동부의 이슬람 세력 중간에 위치했던 카자르족에 대해 얘기하고 있다. 이들은 8세기경 가장 유리한 위치를 점하고 균형을 유지하기 위해 유대교로 대량 개종을 한다. 즉, 성경에서 말하는 이스라엘 민족과는 다른, 민족적으로 이질적인 유대인 집단이 만들어지는 것이다. 이 책의 신뢰성을 의심한다 하더라도, 실제로 이스라엘 내의 '유대 민족'은 다양한 '인종'으로 나뉜다. 그 중에서도 동유럽 출신으로 후에 서유럽으로 대량 이주하는 집단을 '아쉬케나짐'이라고 부르고, 스페인 유대인 출신을 '세파르딤', 에티오피아 출신의 유대인들은 '베타 이스라엘', 예멘 등 가장 뿌리 깊지만 가장 차별받는 중동의 유대인들은 '미즈라히'라고 부른다. 이스라엘 내에서 이 집단들 사이의 차별은 보통 민족들 간에 있을 수 있는 차별과 다르지 않다. 한나 아렌트조차도 아쉬케나짐 중심의 사고에서 벗어나지 못했다. 아렌트는 중동 및 북아프리카계의 유대인들은 "유대인이 겪은 고통"에서 "전혀 들어본 적이 없었던" 이들이라고 부르며 비유대인 취급을 한다(『예루살렘의 아이히만』, 한나 아렌트, 2006).

이렇듯 문화와 정서뿐만 아니라 외모와 출신 지역조차 서로 다른 이 다양한 유대인들을 이스라엘이라는 공간 속에서 묶어주는 요소는 무엇일까? 현대 이스라엘의 유대인들에게는 성경 속의 이야기와 홀로코스트에 대한 공감을 제외하고는 실질적으로 민족을 형성하는 공통된 과거의 기억이 없으며, 자신들의 생존만을 강조한 점령 외에는 세상 다른 공동체와 공유하는 미래지향적인 비전이 없다. 그러나 놀랍게도 이스라엘은 히브리어를 만들어 냈다. 이 히브리어는 고대 이스라엘의 히브리어와는 다른 인공어임에도 불구하고 이스라엘을 성서 속 상속자로 만들어주는 데 가장 큰 역할을 했다. 또한 더 놀랍게도 이스라엘의 역사보다 더 먼저 존재했던 사람들과 집단을 '난민'이라고 부르기 시작했으며 이를 국제사회에서 받아들여지게끔 했다. 즉, 유대 민족은 공고한 실체적 역사와 자기 긍정이 아니라 성경에서 세계대전으로 곧장 이어지는 억압의 기억과 적대시 당하는 피해자 정서로 민족 정체성을 형성한 것이다. 이제 이스라엘은 유대 민족의 이단적이고 예외적 집단이 아니라 전 세계 유대인들의 보금자리이자 뿌리로서 자리 잡게 되었다. 성서적 신화를 역사로 인식하고, 홀로코스트를 공동의 기억으로 체화하고, 이스라엘 군대에서 복무하며, 주변 아랍 민족과 스스로를 구별하는 공통점이 반세기가 넘게 공유되고 있다.

슐로모 산드가 제시하는 새로운 가능성과 한계

학계 역시 그 영향에서 벗어나지 못했다. 유대계 지식인인 주디스 버틀러Judith Butler는 이민족의 공존, 특히 팔레스타인인과 유대인의 공존을 역설하면서 그 근거로 성서적 인물인 모세를 '비유럽인, 유대인을 정초한 이집트인'으로서 불러내고 있다. 그러고 나서 이를 "세계는 오직 모세와 아론의 덕을 통해서만 존속한다"고 주장한 윤리학자 레비나스와 연결시킨다. 버틀러는 레비나스가 유대인 랍비로서 윤리적 반응성의 진원지라고 할 수 있는 '얼굴'을 팔레스타인인에게는 허용하지 않았던 것을 지적하지 않을 수 없었으면서도, 스스로 인종주의자로 부르는 그 레비나스의 반쪽짜리 가르침을 따르라는 모순적인 설교를 계속하고 있다. 즉, 주디스 버틀러는 민족 개념으로서의 유대인을 인정하고 긍정하며, 팔레스타인인과 유대인이 추방이라는 실존적 경험을 공유하고 있기 때문에 유대 민족은 팔레스타인인과 연합할 수 있다고 주장하고 있는 것이다(『지상에서 함께 산다는 것』, 주디스 버틀러, 2016).

하지만 홀로코스트의 결과로 나타난 현실에서 그러한 이상적 연대의 가능성은 보이지 않는다. 유대인들은 가상적 정체성이 확고해지자 적극적으로 침략의 대상을 선택했으며 홀로코스트 이후 채 십 년도 지나지 않아 팔레스타인인들을 인종 청소했다. 전형적인 제국주의 방식으로 말이다. 게다가 다시 한번 유대 국가 정체성을 입법화한 이스라엘의 행보에서는 오히려 비판적 지지라는 기만을 버리고 침략과 점령을 통해서라도 자민족의 생존권을 지키겠다는 노골적인 민족중심주의가 드러나고 있다. 그리고 현재 팔레스타인에 대한 이스라엘의 불법적, 비인도적인 점령은 점령자의 공감을 기반으로 이해를 요구할 문제가 아니라, 보편적 인권을 바탕으로 한 당위성에 따라 당장 종식되어야 하는 일이다.

억압받는 유대인이라는 신화를 중심으로 묶인 현실의 유대인들은 팔레스타인인에 대해서 주디스 버틀러가 권하는 방식으로 공감하지 않는다. 1956년 이스라엘의 전쟁 영웅인 모세 다얀은 가자지구에서 팔레스타인인에게 죽임을 당한 이스라엘 키부츠의 일원을 추모하는 연설에서 이렇게 말했다. "우리를 향한 그 무서운 증오를 뭐라고 비난할까요? 그들은 지금까지 8년 동안 가자에 난민 캠프를 지어 왔습니다. 그리고 그들은 우리가 그들이 조상 때부터 살아오던 땅과 마을을 우리의 집으로 바꾸는 일도 목격했습니다. 국경을 넘어서 증오와 복수의 바닷물이 밀려옵니다. 잠잠해서 우리가 경계를 늦추면 그들은 보복할 때라 여깁니다. 우리가 총을 거두라는 사악하고 위선적인 외세의 말에 귀를 기울인다면⋯⋯. 우리 주변 아랍인들의 삶을 가득 채우고 있는 증오를 바로 보는 일을 두려워하지 맙시다. 그게 우리 세대의 운명입니다. 이것이 우리의 선택입니다. 준비하고 무장하여 강하고 맹렬하게 그렇지 않으면 칼이 우리 손에서 떨어져 우리 삶을 동강낼 것입니다."(『팔레스타인 가자 지구 비망록』, 조 사코, 2012) 여기에서 모세 다얀은 점령자인 이스라엘뿐 아니라 점령을 당하는 팔레스타인의 행동 원인도 언급하고 있다. 이런 모세 다얀의 입장이 현재 이스라엘 국가의 입장이다. 그럼 이스라엘 국가가 총을 내려야 한다는 주디스 버틀러의 주장은 사악하고 위선적인 외세의 말일 것일까? 그렇지 않다. 유대인성 논의를 통해 이스라엘이 평화적으로 바뀔 수 있다는 이런 유의 학계 주장은 팔레스타인 땅에서 학살이 일어날 때마다 반복되고 증폭된다. 결국, 이들은 이스라엘에 대한 비판적 지지를 통해서 이스라엘 국가의 야만성을 가리는데 기여하고 있다.

반면에 슐로모 산드는 이스라엘이 이렇듯 파시즘으로 흐를 수밖에 없는 민족중심주의를 버리고, 세속적 민주주의를 내세운 국가로서의 이스라엘을 택할 것을 주장하고 있다. 주디스 버틀러에게 있어 출애굽기의 모세는 팔레스타인인과 유대인이 "지상에서 함께 산다는 것"이 가능하다는 근거로 소환되지만, 슐로모 산드는 딸의 입을 통해 "하느님은 맏이라면 조그만 아기들도 죽였나요?"라는 "충격적인 질문"으로 출애굽기를 해석한다(9장 터키인을 위한 휴식). 그가 스스로 유대인이기를 그만둔 것은 개종이나 상징적인 선언의 문제가 아니라 유대교를 믿지 않는 세속인으로서 유대인성에 대해 근본적인 질문을 던지는 것이다. 유대인들은 민족으로서 세상과 공유하는 건설적인 문화나 가치가 있는가? 미래를 향해 나아갈 때 긍정적으로 영향을 주는 공동체와 문화를 지향하고 있는가? 그리고 무엇보다 이스라엘은 현재의 점령 상태를 유지한 채로 어떤 미래지향적인 가치를 보전할 수 있을 것인가? 현재로서 이 모든 질문에 대한 대답은 부정이다. 슐로모 산드는 이에 대한 대안으로 '유대 민족성'이 아닌 '이스라엘 국민성'을 얘기한다. 그리고 그러기 위해서 가장 먼저 해체되어야 할 '유대 민족'이라는 신화를 이 책에서 하나씩 파헤쳐 간다.

슐로모 산드에게는 이스라엘 국적이 주는 한계, 즉 팔레스타인 땅에서의 이스라엘 존립을 주장한다는 결정적인 한계가 있다. 여느 진보적인 이스라엘인과 마찬가지로 그 역시 팔레스타인 땅 위의 하나의 국가를 주장하는 1국가 안에 대해 부정적인 입장을 취한다. 인종차별주의적인 이스라엘의 유대인들이 결코 1국가 안을 받아들이지 않을 것이라는 다분히 현실적인 이유이다. 그러나 우리는 이와 비슷한 목소리를 1994년 이전의 남아프리카 공화국 백인들에게서도 들은 바 있다. 또한, 슐로모 산드는 1948년 이스라엘이 생겨나면서 존재하게 된 팔레스타인 난민들의 귀환 문제에도 역시 난색을 표한다. 그는 이스라엘이 부정하는 1948년 팔레스타인 난민들의 존재 자체는 인정한다. 하지만 이미 이스라엘은 존재하는 공동체이므로 다시

한 번 그 공동체의 탄생을 부정하고 일상을 뒤바꾸는 난민 귀환은 현실적으로 불가능하다고 말한다. 이 역시 피점령자와 실존하는 팔레스타인 난민의 입장이 아니라 점령을 덮고 싶어 하는 유약한 점령자의 목소리일 뿐이다. 하지만 이런 중대한 이스라엘식 사고라는 오류에도 불구하고 슐로모 산드가 쓴 일련의 저서들은 이스라엘 정체성의 절대적인 기반이 되는 유대인성에 물음표를 단다는 점에서 현대 이스라엘에 대한 비판의 첫 단계를 제시한다. 그런 의미에서 이 책이 제시하는 '유대인성의 허구'를 이스라엘인의 입으로 직접 듣는다는 최소한의 의미를 취하는 것은 의미 있는 행보가 될 것이다.

유대인, 불쾌한 진실

1판 1쇄 인쇄 | 2017년 7월 20일
1판 1쇄 발행 | 2017년 7월 31일

지은이 슐로모 산드
옮긴이 알이따르
디자인 이규환
교정 성혜란
펴낸이 서의윤

펴낸곳 훗
주소 서울시 강남구 테헤란로2길 8, 4층
출판신고번호 제2015-000019호 **신고일자** 2015년 1월 22일
huudpublisher@gmail.com / www.huudbooks.com

공급 한스컨텐츠㈜

ISBN 979-11-957367-7-5 03300

한국어판 ⓒ훗 2017, Printed in Korea

* 이 책 내용의 전부 또는 일부를 재사용하려면 반드시 저작권자와 훗의 동의를 받아야 합니다.

* 이 도서의 국립중앙도서관 출판예정도서목록(CIP)은 서지정보유통지원시스템 홈페이지(http://seoki.nl.go.kr)와 국가자료공동목록시스템(http://nl.go.kr/kolisnet)에서 이용하실 수 있습니다.
(CIP제어번호: CIP2017013145)

책값은 뒤표지에 있습니다.
잘못 만들어진 책은 구입하신 서점에서 교환해드립니다.

판매·공급 한스컨텐츠㈜
전화 031-955-1960 **팩스** 02-2179-8103